Paris, le 12-12-2019

À mon ancien étudiant de PSI, au lycée Chaptal, qui a fait les Arts et Métiers et est maintenant pilote de ligne à Air-France ! Cet excellent étudiant, dont tous les profs de la PSI gardent un bon souvenir, a une trajectoire remarquable. Bons vols.

J-P HUET.

La révolution numérique de demain

Tome II

DU MÊME AUTEUR

La révolution numérique de demain

Les Éditions du Panthéon, Paris, 2017

Jean-Marie Huet

La révolution numérique de demain

Tome II

Les Éditions du Panthéon
12, rue Antoine Bourdelle – 75015 Paris
Tél. 01 43 71 14 72
www.editions-pantheon.fr

Illustration de couverture : Adobe Stock
3D grid surface with particles - Login

Photographies intérieures :
archives personnelles de l'auteur

ISBN 978-2-7547-4374-7

INTRODUCTION

Ma réseau-lution est de donner un prolongement au premier volume de *La révolution numérique de demain* publié en septembre 2017, chez les Éditions du Panthéon.

J'ai commencé à rédiger cette deuxième édition en début d'été 2016, qui est considérée comme l'année de la **réalité augmentée** (révélée par la tornade Pokémon Go, suivie par la **réalité virtuelle** dans le domaine des jeux essentiellement).

Pour assurer une continuité avec la première édition, j'ai opté pour le déroulé le plus chronologique possible de mes découvertes personnelles (lectures, conférences et visites, MOOCs réalisés et contacts avec les industriels et avocats spécialisés dans ce domaine). Par ailleurs, je me devais d'assurer une certaine cohérence thématique entre ces différents chapitres : j'ai rajouté (par rapport à l'ouvrage précédent) une composante essentielle reposant sur la **jurisprudence**. Ce croisement du droit et des nouvelles technologies informatiques devra prolonger l'innovation, tout en protégeant la propriété intellectuelle et les données personnelles. Cette problématique juridique revêtira un rôle essentiel dans la régulation de la société numérique de demain.

Ce n'est pas la technique (ou la technologie) qui représente le vrai danger pour la civilisation, mais l'inertie des structures politiques.

Espérons que la robotique ne **robotisera** pas l'homme : ce ne sont que des instruments intelligents (IA, intelligence artificielle) et non une fin en soi. Ils ont été inventés génialement par l'homme et dépasseront peut-être les capacités de ce dernier (pas toutes : sensibilité, sentiments...). Mais la robotique est au service de l'homme et vice-versa. Le robot pourra peut-être aider l'homme à se perfectionner en imitant la perfection des robots. Espérons seulement que l'âme ne se robotisera jamais : tout dépendra de l'usage que l'homme en fera !

Il faut saisir cette opportunité du numérique pour améliorer la qualité du travail (les robots feront les tâches les plus fastidieuses et répétitives et les humains pourront se consacrer aux tâches plus intellectuelles (réflexion, décision...)).

Certes, il y aura des laissés-pour-compte (qu'il faudra essayer de réintégrer au mieux, ce qui ne sera pas facile), mais le système numérique finira par s'adapter à tous (il faut impérativement se former à l'adaptabilité). Quels seront les métiers nouveaux (ouverts) et anciens qui demeureront ? Le Japon et l'Allemagne, où la robotisation est la plus développée, connaissent le taux de chômage le plus bas. La technologie digitale devrait être un excellent moteur pour le développement économique industriel (accès à de nouveaux marchés ou à de nouveaux produits et à de nouveaux modèles de business). Cela pourra aussi favoriser le changement de rapports entre les grandes et petites entreprises.

Ainsi, je présente les différents événements « numériques » dans l'ordre où je les ai vécus :

– en premier, le jeu **Pokémon Go**, que je ne connais pas ;

– puis, la réalité **augmentée**, découverte à la très belle exposition « **Sites éternels** » au Grand Palais ;

– et la réalité **virtuelle**, que j'ai testée en différents endroits ;

– enfin, deux **MOOCs** réalisés m'ont immergé (de façon ludique) dans un certain univers numérique : les réseaux sociaux, sur lesquels j'avais un a priori négatif. Ils ne me semblent pas à rejeter complètement.

Puis, j'aborderai l'aspect juridique (très important et crucial dans les années à venir) lié à cette transformation numérique de grande ampleur, sur tous les plans (protection des données personnelles, robotisation et développement de **l'automobile autonome** lié à la **ville intelligente et respirable**).

La transition numérique passera nécessairement par la transformation des emplois (comme toute autre révolution industrielle vécue précédemment). Mais cette **révolution numérique** encapsule d'autres révolutions :

– une révolution **politique** et **démocratique** : c'est le peuple qui décidera, selon ses choix politiques aux élections présidentielles (revenu universel ?, nouvelle constituante ?, démocratie participative où les divers réseaux sociaux (pluralistes) sont de plus en plus consultés…) ;

– une révolution **européenne** : sortie de l'Europe (Brexit « validé » politiquement, Franxit ?). Il faut repenser « intelligemment » sa réorganisation, sa défense militaire (sans compter uniquement sur le bouclier américain) et les réglementations en matière de robotique et **numérique** en général (sinon, ce sera la fin de l'Europe). Fort heureusement, les élections françaises (présidentielles et législatives dans le prolongement) ont évité le pire. C'est Emmanuel Macron qui a été élu : il a l'ambition de faire de très grandes réformes. Nous jugerons !

– une reconfiguration du **travail** (plus collaboratif, accompagné de nouveaux équilibres sociaux), de la « **culture** et de l'éducation » à anticiper !

La robotisation en général est le fruit des progrès fulgurants de l'algorithmique et de l'innovation dans le domaine de l'intelligence artificielle (IA). Elle est probablement plus transformatrice pour l'économie que l'arrivée du Web. Les reconversions numérique et écologique vont supprimer des emplois (probablement peu qualifiés) et en créer d'autres (hautement qualifiés ?). Le futur est toujours incertain, mais la formation restera le nœud central de cette évolution. Et il est difficile de prédire tout cela (le travail s'est toujours adapté aux différentes révolutions que nous avons vécues). Ce qui est sûr, c'est que le processus ne sera pas instantané. Une machine, quel que soit l'algorithme dont elle est dotée, ne pourra remplacer l'être humain dans le processus global qu'il est le seul à pouvoir faire superviser (intuition, sensibilité, réaction au cas par cas...). Un robot ne sait pas encore penser !

Une approche **philosophique** sur le thème : « l'ordinateur est-il notre nouveau Dieu ? » est décrite dans un ouvrage intéressant dont le titre est « Informatique céleste », par **Mark Alizart**, éditions PUF (France Culture, le 23 février 2017). Voici un résumé des idées exprimées par l'auteur :

– L'informatique est-elle une nouvelle religion ? L'ordinateur est-il un être existentiel ?

– L'être humain est, a priori, une machine qui pense (chaîne ADN...). En mécanique quantique, les particules élémentaires contiennent et échangent de l'information : tout est « informatique » (physique digitale).

– **Toute mutation produit de l'inégalité.**

– Le désir d'être rassemblé dans ce monde d'universalité et d'isolement explique le succès des réseaux sociaux, même si parfois la communication y est superficielle. Internet peut changer notre capacité de communiquer et de nous relier au monde extérieur.

J'espère avoir été « clair » lors du Tome I et compte l'être également dans cette deuxième édition. Il est difficile d'atteindre la clarté dans la simplification de la confusion, voire de la complexité : je m'en remets modestement à une citation d'un grand maître de la **science** et de la **philosophie** :

« Dans la confusion, trouvez la simplicité. De la discorde, l'harmonie. Au centre de la difficulté se trouve l'opportunité. »

Albert Einstein

Bonne envie de lecture !

REMERCIEMENTS

Il me tient à cœur de remercier :

Jean-Claude Huet, pour la relecture attentive de cet ouvrage ;

Sylvie Lieven, pour sa relecture de certains paragraphes très scientifiques ;

Monique Millet, pour la relecture minutieuse de nombreux paragraphes ;

Les Éditions du Panthéon, mon éditeur très scrupuleux du premier ouvrage (*La révolution numérique de demain*), chez qui j'ai été entouré d'une équipe très conviviale et très professionnelle ;

Julie Gloannec (Société Iconem, à l'origine de cette superbe exposition « Sites éternels » au Grand Palais), qui a donné son accord concernant la publication de cet événement ;

M. Bertrand Jouvenot, duquel j'ai commenté certains articles, fort intéressants, sur LinkedIn. Il a écrit plusieurs ouvrages, dont *Les dessous du Web#*, aux éditions Kawa, que j'ai beaucoup aimé ;

M. Pierre-Benoît Lagoeyte, responsable des MOOCs réalisés ;

M. Frédéric Dupré (directeur des ventes France) de la société ELO Digital Office, qui m'a autorisé à publier le premier MOOC ;

Serda Archimag (M. Alexandre Corbier) et Lexing Technologies Avancées & Droit, qui m'ont invité à de nombreuses conférences liées au numérique ;

La Cité des sciences de La Villette, dont les animateurs ont toujours essayé de répondre à mes questions, et particulièrement M. Philippe Grand (Futur en Seine), ainsi que le directeur qui m'a autorisé à prendre des photos ;

M. Nicolas Cassart, éditeur du groupe Larcier, qui m'a autorisé à reproduire les quatrièmes de couverture de deux ouvrages (cf. chapitre VI et VII) ;

l'équipe très sympathique MyBus, rencontrée à VivaTech, dont M. Thomas Boudon ;

Mme Laura Perrudin, musicienne de jazz découverte au Paris Jazz Festival (Parc floral), utilisant bien acoustiquement les techniques numériques ;

M. Marc Derumeaux (professeur d'informatique en CPGE), pour ses précisions sur les préfixes numériques.

TABLE DES MATIÈRES

I
LE PHÉNOMÈNE POKEMON GO, SUCCÈS PLANÉTAIRE D'UN JEU EN DÉBUT D'ÉTÉ 2016 EN RÉALITÉ AUGMENTÉE (AR), ET AUTRES (EXPOSITION « SITES ÉTERNELS » AU GRAND PALAIS...)

Ces premiers jeux vidéo ont été réalisés au Japon dans les années 1990 (Pocket Monsters : Monstres de Poche en français, *Poketto Monsuta* en japonais). La contraction des mots « *Poketto* » et « *Monsuta* » a donné lieu au nom de **Pokémon**. **Pokémon Go**, en **réalité augmentée**[1], développé

---

1 **Réalité augmentée** (**AR** en anglais) : elle permet de mettre des éléments virtuels dans le monde réel, sous forme d'hologrammes (images en 3D enregistrées sur un film photographique en 2D. Cela résulte des interférences de deux faisceaux laser : cf. cours de sciences physiques sur la diffraction de la lumière...).
Elle peut être utilisée directement sur mobile (Smartphone, tablette : c'est le cas de Pokemon Go) ou obtenue grâce à des lunettes spéciales développées par Google en 2013 ou via un casque **HoloLens**. C'est un

par la société **Niantic**[2], est introduit en France en juillet 2016. Ce jeu, très particulier, a le grand avantage de faire sortir les joueurs à l'extérieur de chez eux (second effet **augmenté** par rapport à d'autres jeux où l'on peut rester chez soi). Les compétiteurs peuvent capturer 150 petits monstres dans le monde réel (parcs, musées, hôpitaux, établissements scolaires...), grâce à la géolocalisation de leur Smartphone muni de son appareil photo. C'est une application gratuite, fondée sur le principe du « pay to win » : *payer pour gagner.* Il propose des achats intégrés pour évoluer plus

casque de réalité augmentée développé par Microsoft, prévu pour être accessible au grand public vers 2020 (actuellement, il coûte plus de 3 000 euros). Il est basé sur la représentation holographique (de 5 h 30 à 2 h 30 selon les applications). Ce produit devrait faire l'objet d'ajustements en 2018-2020 (prix, distribution massive...) pour une version intégrant la réalité augmentée et virtuelle (voir paragraphe II).
Enfin, pour clore ce thème de la **RA**, il me semble pertinent d'évoquer les meetings numériques de J.-L. Mélenchon (premier tour des élections présidentielles qui aura lieu le 23 avril 2017). Ils ont utilisé un dispositif holographique rendant le candidat virtuellement présent, en même temps, dans plusieurs villes. Ce qui m'intéresse est uniquement le procédé technique dont le principe de base a été établi par le physicien hongrois Dennis **Gabor**, 1947, prix Nobel en 1971. La mise au point des **lasers** (1960) a permis beaucoup plus facilement la production d'hologrammes. Ce défi technologique, retransmettre en direct un meeting, a été réalisé par une start-up parisienne (Adrénaline Studio) spécialisée dans les hologrammes. Une caméra numérique filme le candidat et un vidéoprojecteur qui reçoit cette image par satellite la transmet sur une surface réfléchissante située devant la scène et invisible depuis la salle. L'image réfléchie apparaît sur un écran en tissu transparent (tulle), incliné à 45° pour accrocher l'image et donner ainsi l'illusion aux spectateurs que le personnage est présent sur scène.
En résumé, on enregistre une figure de **diffraction** (par exemple, de J.-L. Mélenchon) à l'aide d'un faisceau de référence donné par le **laser**. Ensuite, on reéclaire la figure de diffraction avec le laser et ainsi, on peut observer l'objet (J.-L. Mélenchon !).

2 **Niantic** : entreprise américaine de jeux vidéo.

vite dans le jeu (très bien pour le business !). Cependant, des enjeux juridiques (sécurité, espionnage…) liés à certains emplacements semblent être pris en compte par la société **Niantic**, qui résulte d'un projet « Google » (le Pentagone, l'Iran… interdisent cette application). En conclusion, on n'a pas fini d'entendre parler de **Pokémon**, qui est probablement le premier jeu d'une longue filiation d'applications en **réalité augmentée**.

Ma petite-nièce a utilisé (sans excès) ce jeu et d'autres, qu'elle m'a fait tester rapidement, dont l'indémodable Candy Crush. Lancé en 2012, il est toujours en tête dans l'univers des mobiles. Ce puzzle numérique consiste à enchaîner les combinaisons de bonbons colorés dans des tableaux plus ou moins faciles à remplir. Malgré le grand âge de ce jeu, il suscite toujours un certain engouement. La société suédoise King le met à jour régulièrement tous les quinze jours. De plus, il est complètement gratuit. Bien d'autres jeux, très nombreux, existent sur Smartphone !

Outre cet aspect ludique (et un peu gadget), la **réalité augmentée** (l'année 2016 a été l'année de la réalité augmentée) a une vraie utilité pour les professionnels :

- Utilisation des lunettes Krys : avec une webcam activée, ces lunettes bougent avec la personne équipée. Cet outil semble être une préparation à l'achat en magasin (visualisation 3D en ligne) ;

- Outil formidable pour des personnes ayant certaines activités « manuelles » dans les domaines suivants : chirurgie, technique, design, architecture... Microsoft s'est déjà associé à plusieurs sociétés afin de tester son casque dans leur secteur d'activité ! De nombreux investissements, soutenus par les industriels, occupent des start-up qui imaginent de multiples applications possibles dans les années à venir.

Remarque : n'y a-t-il pas un risque, à terme, que notre cerveau n'arrive plus à faire la différence entre **réel et virtuel** ?

Un grand débat agite le monde du numérique : la **réalité augmentée** pourrait être « mieux » que la **réalité virtuelle** (voir chapitre II), car elle permet aux utilisateurs de se voir et de se parler, tout en profitant d'informations supplémentaires. Cet aspect social et communicatif n'est pas dénué de sens pour la société numérique de demain.

À partir du samedi 18 février 2017, le phénomène Go sera présent dans les huit centres commerciaux franciliens (les 4 Temps (92), le forum des Halles (75), Aéroville (95), Vélizy 2 (78), etc.) et permettra aux adeptes de s'adonner à leur jeu préféré. Certaines stars (grands collectionneurs de Pokemon Go) se prêteront d'ailleurs au jeu et rencontreront leurs fans dans ces lieux. Ce jeu (que je ne connais pas), **en réalité augmentée**, est incontestablement l'application vedette qui a attiré beaucoup de monde !

- Une excellente exposition, qui relève de la **réalité augmentée**, visitée le 9 janvier 2017

(« Sites éternels : de Bâmiyân à Palmyre », au Grand Palais) est un voyage au cœur des sites du patrimoine universel.

J'ai pu constater que le **numérique** côtoie également l'**archéologie** ! Cela permet de redécouvrir les splendeurs de trésors archéologiques menacés de destruction par ce conflit interminable au Moyen-Orient (Irak, Syrie) et en Asie centrale (Afghanistan). Ces grands sites (Bâmiyân, Khorsabad, Palmyre, la mosquée des Omeyyades de Damas et le krak des Chevaliers) sont, fort heureusement, placés sous le patronage de l'UNESCO.

Une start-up française (**Iconem**) a été à l'origine de cette exposition et a réussi l'audacieux pari de plonger le visiteur au cœur de ces vestiges grâce à une projection de vidéos immersives des sites numérisés sur les murs de la première grande salle (en 3D). Cela a pu se réaliser grâce à de nouvelles techniques de prises de vue (drones) et à l'intégration dynamique de documents (archives, dessins, gravures...).

Une deuxième salle contiguë permettait d'utiliser une tablette numérique pouvant visualiser la reproduction interactive de Palmyre et la destruction de son arche, pièce par pièce. C'était MAGNIFIQUE (apport positif de la réalité augmentée !).

Remarques

– En seulement trois semaines d'ouverture, 59 079 personnes visitèrent cette exposition qui s'est poursuivie en ligne sur le site du « grand palais.fr » ;

– Le domaine chirurgical, technologiquement, utilise déjà les outils de l'**AR** grâce à certains robots chirurgicaux (dont Da Vinci, évoqué dans l'ouvrage précédent, page 82) ;

– Des greffes (de rein, de cœur, de mains...) représentent de grandes avancées grâce à ces outils qui allient chirurgie et progrès spectaculaires du numérique.

Additifs :

– Un utopiste (peut-être ?), dont le nom est Masayoshi Son, pense déjà à l'**homme augmenté**. Il prétend être le meilleur pour la prédiction dans le monde dans trente ans, plutôt que dans trois ans ! Ce géant industriel des télécoms nippons (qui a étudié l'informatique à Berkeley) présuppose que l'homme pourra communiquer facilement et intuitivement grâce à la **super-intelligence** informatique développée par des puces électroniques implantées dans le cerveau et boostée par de nouveaux algorithmes de l'intelligence artificielle et qu'il vivra nettement plus longtemps ! A priori, l'**homme augmenté** n'est pas, pour l'instant, une réalité médicale en France (voir le chapitre IX).

Remarque : avant d'augmenter l'homme, il serait

certainement préférable de le réparer (Alzheimer, myopathie, cancers...).

– J'ai visité une exposition intéressante au Palais de Tokyo, consacrée aux **dioramas** : c'est une merveilleuse invention d'optique du XIXe siècle. C'est Louis Daguerre, en 1822, qui eut l'idée de soumettre des peintures (ou photos) de grandes dimensions à des jeux d'éclairage (ce qui anticipa probablement le cinéma). Puis, les musées d'histoire naturelle, entre autres, s'emparèrent de ce dispositif ingénieux (à l'aide de vitres...) pour reconstituer artificiellement, en 3D, un milieu naturel, une scène de la vie quotidienne ou un événement historique. Ce fut déjà la naissance (sans l'aide **du numérique**) de la réalité augmentée et de la réalité virtuelle (sans mouvement !).

– Attention : il ne faut pas confondre ce mot avec « **diaporama** », qui lui ne saurait exister sans le numérique. Un diaporama est écrit et animé grâce à divers logiciels spécialisés permettant de mélanger du texte, des photos, de la musique et des films audio : il est très utilisé maintenant lors des conférences ou cours (nécessité d'un certain équipement informatique, dont un vidéoprojecteur numérique).

– Je pense que l'on est vraiment qu'au début des possibilités de la réalité augmentée (**RA**). Elle existe déjà par le biais de nombreuses applications gratuites sur Smartphones (iPhone ou Android) : Métro Paris, Vélo Paris, Google Traduction pour les voyageurs non polyglottes... L'arrivée prochaine (novembre 2017) des nouveaux iPhone d'Apple (iPhone 8 et iPhone X), munis d'une nouvelle puce électronique reliée à des capteurs photos très sensibles et d'un nouveau logiciel, permettra de visualiser des objets virtuels et des informations en surimpression par rapport à l'environnement capturé instantanément en temps réel. Bien d'autres applications (dans tous les domaines : éducation, divertissement, autres...) vont certainement bientôt défiler dans la boutique en ligne d'Apple. En matière d'innovations, cette société californienne (qui porte la marque d'une pomme, fruit facile à croquer) a toujours eu et aura, dans ce domaine, une longueur d'avance.

Ce premier chapitre, volontairement court, a pour but essentiel d'introduire le chapitre **II** qui traitera de la **réalité virtuelle** et de ses différences avec la réalité augmentée.

II
LA RÉALITÉ VIRTUELLE (VR) À LA GÉODE, AU MK2…

Il faut maintenant évoquer une autre possibilité numérique, souvent présentée comme un miroir (avec des désavantages et/ou avantages) de la réalité augmentée. C'est une autre approche du numérique utilisant nécessairement un casque de **réalité virtuelle**[3]. On enferme son utilisateur loin

3 **Réalité virtuelle** (**VR** en anglais) : c'est une autre technologie informatique qui crée un environnement complètement artificiel, surtout dans les jeux, généré par des logiciels. Elle repose essentiellement sur le **sensoriel,** qui fait appel directement aux capteurs sensoriels de l'être humain (vue, ouïe, sensations…) et à certaines fonctions psycho-physiologiques.
Concernant les jeux, l'utilisateur est plongé dans un monde virtuel avec lequel il peut interagir à son gré.
Dans le domaine scientifique ou médical, les activités **sensorielles** sont d'abord captées, puis les informations sont transmises à un logiciel qui les déchiffre. Ensuite, un casque d'électrodes est relié à un ordi-

du monde qui l'entoure, en l'immergeant dans un autre univers ! Cette réalité virtuelle est utilisée essentiellement pour divertir, dans les jeux vidéo, ou pour regarder des courts-métrages. Mais elle a aussi des applications scientifiques, notamment médicales. Par exemple, la NASA a développé une application, Onsight, permettant aux astronautes de fouler le sol sur Mars. Dans le domaine chirurgical, une interface cerveau-machine a permis à huit personnes paraplégiques américaines, qui souffraient d'une lésion de la moelle épinière depuis plusieurs années, de retrouver des sensations dans leurs membres paralysés. D'autres études sont en cours et cette avancée est un grand pas pour la médecine (nouvelles formes de rééducation). Nous sommes au début de l'ère virtuelle médicale, pleine de perspectives prometteuses pour de nombreux patients qui pourront bientôt les utiliser.

Cette transformation amène des mutations colossales : dans les hôpitaux, entreprises, foyers et notre système de formation qui est au cœur de la préparation à cette révolution. C'est probablement une autre façon de manager (plus de travail collaboratif, moins de hiérarchies...). En résumé, il faudra plus d'horizontalité et moins de verticalité : c'est l'effondrement de la pyramide classique.

Je suis allé au salon du jeu vidéo (« Paris Games Week » : du 27 au 31 octobre 2016) au Palais des

---

nateur qui « inter-réagit » sur le patient en fonction de sa pathologie « captée ».
Dans tous les cas, elle nécessite le port d'un casque de réalité virtuelle (VR).

congrès (Porte de Versailles) pour tester certains jeux vidéo et voir comment ces deux technologies (réalité augmentée et réalité virtuelle) étaient intégrées dans ces événements. La conclusion est évidente : seule la réalité virtuelle (VR) est omniprésente dans les jeux vidéo.

Le nombre d'adolescents présents ne m'a permis de tester ces jeux. Mon attention s'était surtout portée vers l'espace VR de Grosbill (start-up française spécialisée en informatique high-tech) proposant plusieurs attractions intéressantes : un seul test a été effectué sur Icaros.

- Icaros : structure métallique ressemblant à une « bicyclette sans roues », uniquement propulsée (deux degrés de rotation perpendiculaire) par ses muscles (abdos et fessiers : une animatrice aidait à faire les mouvements...). Un casque Samsung Gear VR et un Galaxy S7 permettaient de se retrouver en deltaplane entre deux glaciers (expérience renversante assurée !),
- Une autre possibilité consistait à découvrir la technologie **Immersit** (expérience 4D : elle transformait, en plus du 3D visuel géométrique euclidien, le son en vibration afin de permettre à n'importe quel fauteuil de « vibrer »). C'est ce qu'on appelle un film complètement **immersif** : je n'ai pas pu tester cette application.

Puis, je me suis rendu à la Villette le 1er février 2017 pour le parcours Géode VR (réservation par Internet) pour mieux connaître la réalité virtuelle (VR).

Ce parcours s'effectue par groupe de 9 personnes,

pendant environ une heure, en trois étapes (dans le hall de la Géode). Il est intéressant, progressif, avec des animateurs qui encadrent bien chaque individu :

– Le premier espace, intitulé « CINÉ VR 360° » (découverte tous azimuts dans de larges fauteuils), consiste à s'asseoir sur un siège rotatif à 360° (rotation d'axe vertical) et à s'équiper d'un casque VR1 d'Orange (fonctionnant avec un Smartphone déjà intégré).

Trois films sont proposés :

- un film « animalier » (tigres, girafes...) ;
- un film sur les manchots (Antarctique) ;
- un film d'animation extraordinaire (invasion : histoire d'extraterrestres menaçants qui viennent pour prendre possession de la Terre et détruire quiconque tentera de les en empêcher). Ce film est aussi présenté à l'espace MK2 VR.

REMARQUE : la rotation d'axe vertical des sièges, plus la rotation de notre tête équipée de ces casques VR de haut en bas, permet de voir un film 3D en mini-géode, c'est superbe !

– Le deuxième espace, intitulé « Salon du futur » (plongée intense dans l'univers virtuel 3D et interactivité débridée) permet d'entrer dans un nouvel espace où l'immersion devient primordiale. Cela permet de découvrir d'insolites mondes dans lesquels on peut évoluer grâce à ces nouveaux capteurs du dispositif HTC Vive :

• un premier film apprend à voler dans un Paris envahi par certains animaux (on est souvent « écrasé »). Remarque : les monuments parisiens représentés (la Tour Eiffel, la cathédrale Notre-Dame...) sont moins bien représentés qu'en RA, mais l'objectif est le jeu en VR ;

• un deuxième film permet de barboter dans l'océan (à côté de magnifiques poissons et d'une grosse baleine dont l'œil vient quasiment se coller aux nôtres) ;

• un troisième film propose du tir à l'arc pour défendre un château fort.

– Le troisième espace est dédié au gaming VR (avec casque PlayStation, doté parfois de manettes) : c'est captivant pour les joueurs ayant de grandes capacités d'observation et d'agilité. Ces jeux sollicitent des réactions (réflexes, interactivité...) qui peuvent faire intervenir des caractéristiques intéressantes dans certaines activités.

Le virtuel sert à transmettre des émotions. La révolution « technologique » est en marche et de nouveaux débouchés apparaissent presque tous les jours (salles de cinéma VR, réalité virtuelle chez soi). La réalité virtuelle sera plus difficile à mettre en œuvre dans les musées à grande échelle (procédé informatique complexe à installer, avec des casques ?, partage des émotions ?).

Un animateur, lors de ma visite à la Géode VR, m'a parlé de Gregory Chatonsky (artiste, enseignant-chercheur franco-québécois) et pionnier du **Net.art** (art en ligne). Son travail est intéressant et je vous le recommande (en interaction directe avec ce thème de la VR). Il permet de sélectionner, sur un moteur de recherche, la rubrique « FLUX / GREGORY CHATONSKY » et de cliquer, entre autres, sur l'icône « Spectre de la réalité virtuelle ».

Des salles de cinéma de VR semblent se multiplier : le 9 décembre 2016, les frères Karmitz inaugurent un **MK2 VR**[4] à Paris. En province, des expériences similaires s'étendent aux théâtres, planétariums, zoos... Tout ce qui est **immersif** permet d'augmenter la fréquentation, c'est un marché émergent. Arte est très en avance dans ce domaine et a déjà produit de nombreux films. Elle s'est de plus orientée vers des tournages consacrés à des monuments historiques (château de Fontainebleau, l'excellente exposition « Chtchoukine » à la Fondation Vuitton, etc.).

Le virtuel est une expérience exceptionnelle qui permet à chacun d'aller à un endroit auquel il ne pourrait pas se rendre et de ressentir les mêmes émotions (presque : la réalité n'a aucun égal) que ceux qui ont pu y aller !

Voici le bilan de mon expérience (19/02/2017) :

---

4 **MK2 VR** : cet espace particulier, près de la Bibliothèque nationale de France, comporte une salle de jeu [12 postes : 20 minutes (12 euros) ou 40 minutes (20 euros)] et permet de s'adonner à de nombreuses expériences VR variées (casques **HTC Vive**, **Oculus Rift**, **PlayStation VR**) dont les contenus sont soigneusement sélectionnés et renouvelés périodiquement (tous les mois) pour offrir aux visiteurs le plus large et pointu panorama possible des réalisations de la réalité virtuelle. L'achat se fait uniquement sur place ou sur Internet (MK2 Bibliothèque 128-162 avenue de France, 75013 Paris : l'espace peut accueillir des VRnautes à mobilité réduite).

– D'abord, à l'entrée du cinéma MK2 Bibliothèque, une animatrice propose de regarder un film **VR** (5 euros, le film s'intitulait *Les lapins crétins*). Ce film change toutes les semaines, un ordinateur (algorithme pour la partie commande) fait vibrer le siège grâce à des vérins électriques (partie opérative) et permet ainsi de s'immerger dans cette réalité virtuelle (via un casque VR, accompagné de mouvements de la tête) : c'est spectaculaire !

– Puis, à côté, il y a le centre **MK2 VR** équipé de 12 postes (séances de 20 minutes ou 40 minutes), ouvert tous les jours pendant les périodes de vacances scolaires (sinon, jeudi ou dimanche). L'entrée se fait dans une salle bien aménagée (avec animatrices/animateurs très disponibles, où toutes les consoles de jeux sont réparties circulairement autour d'un pilier central). Ce pilier central est le siège de la partie commande (une carte magnétique MK2 est introduite, selon le jeu choisi). J'y ai testé trois offres :

1. Le **Birdly** : cela ressemble à Icaros, évoqué précédemment. C'est un simulateur de vol... d'oiseau, sur lequel on est allongé et muni d'un casque VR, plus des écouteurs sur les oreilles. Le film vu me permettait de survoler New York. De belles frayeurs virtuelles sont possibles, surtout lorsque l'on fonce droit sur un immeuble !

2. Un film sur Paris (déjà vu à la Villette lors du parcours VR), avec casque et rotation du siège de

360°, plus l'orientation de la tête (de haut en bas et de droite à gauche) ;

3. Un autre film sur la montagne. Le but est de s'agripper pour escalader un rocher.

MK2, qui a innové en lançant (décembre 2016) l'un des premiers espaces publics consacrés à la réalité virtuelle (VR), continue son aventure numérique. Il propose de nouveaux horaires, tarifs et films (surtout pendant les vacances scolaires). Il accueille, le week-end du 1er mai 2017, le festival « Kaléidoscope » (diversité de choses et de couleurs). Je ne m'y suis pas rendu, mais j'ai lu que cette manifestation (très « in » en matière de nouvelle technologie immersive) offrait au public une vingtaine d'expériences inédites « installant la réalité virtuelle (VR) en tant que forme d'art » : de très belles créations ont été rassemblées (jeux, courts-métrages). Ce public avait la possibilité de voir des documentaires interactifs, des vidéos à 360°, des films expérimentaux ou des dessins animés d'un genre nouveau. L'histoire s'articule dans l'espace 3D et le spectateur (immergé dans une scène virtuelle...) doit réagir. Les possibilités sont infinies.

Je pense que l'on peut conclure que cette technologie, encore balbutiante, pourrait bien modifier les « industries du cinéma ou du jeu vidéo » de demain. Cette réalité virtuelle, aux possibilités infinies, devient une véritable **révolution** (technique, narrative).

J'ai continué le parcours VR le 2 avril 2017 au

planétarium de la Cité des sciences et de l'industrie (Porte de la Villette – Paris XIXe) proposant la vision de ***Collisions cosmiques***. Cela rappelle la Géode (en plus petit) : on voit en **3D** des météorites et des astéroïdes entrer en collision avec la Terre, ce qui permet de comprendre comment s'est formée la Lune et pourquoi les dinosaures ont disparu de l'univers terrien. La Voie lactée (galaxie spirale du système solaire) est aussi le produit de plusieurs collisions d'autres petites galaxies qui continueront d'avoir lieu dans l'avenir. Il existe une autre grande galaxie (Andromède), très proche de la Voie lactée. Elle est située environ à 2,5 millions d'années-lumière (voir la définition en page 68 du premier ouvrage) du Soleil et peut être visible à l'œil nu depuis la Terre.

Ce planétarium vient de se doter d'une technologie parmi les plus avancées au monde (comme le planétarium de Houston, aux États-Unis). Il s'agit du **format 8K**[5], qui est un nouveau système de projection Laser Haute Définition.

Un nouveau film, ***Histoire d'astronomie : le ciel au Moyen Âge***, est également visible en **8K**. Bien calé dans son fauteuil, on peut observer le spectacle à 360° : on est situé temporellement en 410, c'est la prise de Rome qui brûle au loin. Un animateur scientifique commente en direct le ciel. La Grande

5 **Format 8K** : c'est un problème d'infographie numérique où les nombreux pixels permettent d'atteindre un niveau de résolution proche de celui de l'œil. La plupart des salles de cinéma sont équipées pour des projections **2K**. En résumé : **2K** (2 048 x 1 080 pixels), **8K** (7 680 x 4 320 pixels, environ).

Ourse, la comète de Halley qui a frôlé la Terre, une supernova (explosion cataclysmique d'une étoile) agrémentent ce voyage dans le temps à travers 1 000 ans d'histoire. D'autres réalisations tournées en **8K** devraient être projetées d'ici un an, dont *Les trous noirs*.

LA RÉALITÉ VIRTUELLE EN MOUVEMENT (*Dynamic* VR)

Un quatrième atelier de découverte et d'expérimentation de la réalité virtuelle est ouvert, depuis peu de temps, à la Géode (Porte de la Villette 75019). Je ne pouvais manquer cet événement sensationnel (25/05/2017, 11 heures : j'étais seul dans la cabine, car début de cette expérience) qui complète fort bien le parcours VR réalisé auparavant. Cette séance dure 15 minutes et neuf spectateurs peuvent être installés dans une petite plateforme 5D (cinq degrés de liberté, probablement engendrés par 5 vérins électriques [seule source d'énergie disponible], en parallèle). Les effets sont quasi identiques à ceux d'une plateforme sophistiquée 6D (six degrés de liberté) utilisée pour la préformation des pilotes d'avion (voir le chapitre IV : Les Robots, pages 87-88 de la première édition, publiée en février 2017). Il nous est proposé deux films intéressants pour découvrir la VR. *Le défi de l'aigle* : course avec un aigle majestueux, qui nous permet de voler dans les Alpes (on peut y apercevoir une marmotte, un chocard et un renard blanc des montagnes) et *Mammut* où l'on bouge vraiment « plus » sur une montagne russe. Les secousses provoquées ne sont pas très intenses. En conclusion, c'est sensationnel… et cela vaut la peine d'être testé (5 euros, réservation possible par Internet).

Voir les deux photos ci-après :

Photo 1 (à droite) : les casques VR.

Photo 2 (à gauche) : la plateforme 5D (en partenariat avec Orange), à l'entrée de la Géode.

Remarques

- Les jeux VR peuvent impliquer une certaine dépendance chez les jeunes adolescents, mais si cela compense l'addiction à la drogue, alors pourquoi pas ?
- Les locations et ventes d'appartements (à Paris) utilisent déjà la RA et la VR pour une immersion complète dans le futur logement. Ceci n'est que le début d'une nouvelle révolution dans l'immobilier neuf.

Conclusion :

Après avoir assisté à ces deux événements (« Sites éternels » [RA], puis le parcours [VR] de la Villette et MK2), je peux livrer une réflexion personnelle sur la différence entre la RA (réalité augmentée) et VR (réalité virtuelle).

- Le point commun de ces deux techniques est la capacité extraordinaire de modifier la perception, enrichie, du monde réel.

- La **RA** est moins « déconnectée » du réel (il est nécessairement vrai, qu'est-ce que le faux réel ?) et a une incidence plus grande dans le domaine de l'interactivité (hologrammes, robots chirurgicaux, greffes, échographie à distance...), ce qui me semble important pour « garder le contact avec la réalité ». Une définition pourrait être ceci : la RA part de situations existantes réellement et permet, numériquement, d'enrichir cette réalité. Cela est déjà utilisé (expositions artistiques, domaine chirurgical). Peut-être que cela pourra s'étendre à d'autres applications ?

- La **VR** offre un environnement 3D « artificiel et subliminal » en temps réel et déconnecte entièrement l'esprit et l'imagination de l'utilisateur, ce qui risque de lui faire perdre le sens des réalités dans laquelle nous vivons. Cette VR offre à l'utilisateur un grand confort « du tout possible, divertissant, agréable », mais qui ignore toutes les lois physiques, humaines et morales qui gèrent notre monde réel. La dangerosité de la VR est immesurable, surtout si les parents sont déjà complètement déconnectés eux-mêmes !

Je reviendrai, dans le chapitre IV, à la réalité « non

virtuelle » décrivant deux MOOCs que j'ai réalisés (mooc@rue89.com).

Mais j'aimerais rester dans le domaine des expositions liées au monde numérique (la règle du temps ne sera pas respectée) et relater les points forts de ces nouvelles expositions et salons consacrés au numérique :

– Exposition « **Terra Data**, nos vies à l'ère du numérique » que j'ai vue le 23 avril 2017 ;

– Exposition « **Futur en Seine** », visitée le 8 juin 2017 ;

– Exposition « **Imagine Van Gogh** » proposant des tableaux projetés en numérique immersif (28/06/2017). Ces trois expositions ont été organisées à la Cité des sciences et de l'industrie (Paris 19e La Villette) ;

– Salon « **Viva Technology** » à Paris Expo (Porte de Versailles) ouvert au public le samedi 17 juin 2017. Ce salon accueillait les dernières innovations numériques et j'y ai fait des rencontres très intéressantes ;

– enfin « **Paris Virtual Film Festival** » au Forum des Halles (01 et 02/07/2017). Tout cela est décrit dans le paragraphe suivant.

III
L'INTELLIGENCE NUMÉRIQUE DES EXPOSITIONS (« TERRA DATA », « FUTUR EN SEINE », « IMAGINE VAN GOGH » À LA CITÉ DES SCIENCES DE LA VILLETTE, « VIVA TECHNOLOGY » AU PALAIS DES CONGRÈS, « PARIS VIRTUAL FILM FESTIVAL » AU FORUM DES HALLES)

▪ « Terra Data »

Je précise (d'après M. Serge **Abitbol**, directeur de recherche à l'INRIA) que « Terra Data » est un jeu de mots :

– **Terra** vient du latin et évoque la **Terre.** Le « téra » représente une puissance de 10 (symbole T, préfixe du Système international d'unités équivalent à 10^{12} : mille milliards ou un billion). Voici deux exemples :

- dans le domaine des ondes électromagnétiques, un **térahertz** (Thz) vaut **10^{12} hertz** ;
- dans le domaine de l'astronomie, une **année-lumière** est l'équivalent d'environ 9 500 **téramètres** (Tm).

Dans le domaine des préfixes **décimaux** (puissances de 10, système **décimal**) du **SI** (Système International d'unités, normalisé), un tableau récapitulatif ci-dessous (également avec les puissances de 10 « négatives ») résume tout cela (utilisées dans toutes les sciences : mathématiques, sciences physiques et sciences de l'ingénieur), dont le symbole s'insère devant le symbole de l'unité de la grandeur physique utilisée :

Facteur	Nom	Symbole	Facteur	Nom	Symbole
10^{1}	déca	da	10^{-1}	déci	d
10^{2}	hecto	h	10^{-2}	centi	c
10^{3}	kilo	k	10^{-3}	milli	m
10^{6}	méga	M	10^{-6}	micro	m
10^{9}	giga	G	10^{-9}	nano	n
10^{12}	téra	T	10^{-12}	pico	p
10^{15}	péta	P	10^{-15}	femto	f
10^{18}	exa	E	10^{-18}	atto	a
10^{21}	zetta	Z	10^{-21}	zepto	z
10^{24}	yotta	Y	10^{-24}	yocto	y

Remarques : *ces unités sont toujours incrémentées de 3 (en puissance de 10, à partir de l'exposant) et l'on peut se demander si elles seront suffisantes pour décrire cette grande masse de données* (big data), *toujours en expansion, que génère la sphère de l'informatique.*

– En sciences de l'ingénieur, l'algèbre de Boole (système **binaire** de base 2), le combinatoire et le séquentiel étaient les fondements numériques d'exploration de tout ce qui concernait l'informatique industrielle (capacités de stockage et codage de l'information, capteurs...). Les premiers informaticiens n'ont pas éprouvé le besoin d'inventer de nouveaux préfixes binaires. Par exemple, 1 kilo-octet (symbole ko) valait 1 024 octets (explication : 1 octet vaut 8 bits. Avec 1 bit, le microprocesseur pouvait adresser 2^1, soit 2 zones mémoire ; avec 10 bits : 2^{10} = 1 024 octets, proches de 1 000 octets). Au début de l'informatique, on travaillait avec de petites capacités d'adressage et de stockage de l'information.

– il existe désormais des préfixes pour ces multiples binaires, pour tenir compte de l'augmentation exponentielle de ces capacités (ordinateurs, codage de l'information). Depuis 1998, une norme existe (assez peu connue !) sur ces préfixes binaires (norme **CEI** : Commission électrotechnique internationale) que le tableau ci-dessous synthétise :

Facteur	Nom	Symbole
2^{10}	kibi	Ki
2^{20}	mébi	Mi

Facteur	Nom	Symbole
2^{30}	gibi	Gi
2^{40}	tébi	Ti
2^{50}	pébi	Pi
2^{60}	exbi	Ei
2^{70}	zebi	Zi
2^{80}	yobi	Yi

Voici quelques exemples pour illustrer cela :

- 1 kibibit : 1 Kibit = 2^{10} bits ou 1 024 bits (1 Kio = 1 024 octets) ;
- 1 kilobit : 1 kbit = 10^3 bits ou 1 000 bits ;
- 1 mébioctet : 1 MiB = 2^{20} B = 1 048 576 B (où « B » désigne l'octet) ;
- 1 mégaoctet : 1 MB = 10^6 B = 1 000 000 B.

Remarques

– Les unités recommandées pour **les systèmes binaires** sont : « **b ou bit** » pour le bit, « **o** » pour l'octet, « **B** » pour le *byte* (traduction anglaise du mot octet).

– D'ailleurs, **Kio** est une unité « française » dont l'équivalent anglais est **KiB**.

– Quelques rappels pour y voir plus clair : un **bit** est l'élément de base de tout système binaire (sa valeur vaut 1 ou 0, c'est-à-dire l'équivalent de vrai/faux par exemple). C'est la contraction de **binary digit**. Un **octet** est un ensemble de 8 bits. Un ***Byte*** est égal à un octet, soit 8 bits. Attention à l'orthographe : b pour bit, **B** pour *Byte*.

Ces unités ne sont pas reconnues par **le système SI** d'unités où « **B** » est le symbole du **bel** (unité de mesure logarithmique du rapport entre deux puissances sonores en général, donc grandeur sans unité). Le **dB** (décibel) est beaucoup plus fréquemment utilisé, particulièrement pour les diagrammes de Bode en automatique industrielle. Quant au symbole **SI** du **barn** (« **b** »), c'est une unité dérivée de section efficace intervenant en physique nucléaire ou en physique des particules. L'unité **SI** de section est le m^2, mais les petites valeurs relatives aux particules ont introduit cette unité : 1 **b** = 10^{-28} **m^2** = 10^{-24} **cm^2** (section géométrique du noyau d'un atome). Ces unités SI sont communes à toutes les langues, normalement.

– **Data** vient aussi du latin et **évoque les données** : c'est un mot indispensable au vocabulaire anglais lié à l'informatique. Au début, ce terme était utilisé dans le secteur des télécommunications. Il s'est ensuite étendu en informatique : un réseau permet un grand nombre d'échanges de data.

À l'entrée de cette exposition, un panneau doit **interpeller** les visiteurs :

« Si vous ne souhaitez pas être filmé, passez à gauche. Si vous souhaitez être filmé, passez à droite. »

J'ai constaté que les enfants optaient systématiquement pour le deuxième portique (le visage sera supprimé automatiquement de la base de données au bout de trois heures) et que les parents semblaient plus réservés (c'est, peut-être, un problème de génération ?).

Dans la salle, une dizaine d'écrans interactifs permettent de découvrir cet univers des données informatiques et des tables proposent des commentaires thématiques expliquant pourquoi et comment ces données sont nées et collectées.

J'ajoute que l'aspect sécurité (**cyberattaque et cybersécurité**) revêt une dimension importante et cumulative (harmonisation des différents protocoles d'Internet sur le réseau fixe 3 ou 4G et bientôt 5G, sur les réseaux locaux, sur le wi-fi personnel...). Au début, la sécurité n'était pas prise en compte dans la conception de ces technologies (ou objets) connectées, probablement parce que ce n'était pas un élément fondamental a priori (la priorité était donnée à la vente). Mais, quand on souhaite sécuriser un système, on y arrive toujours. J'essaierai d'aborder ce thème dans le chapitre VII, qui tentera d'expliquer ces domaines délicats !

▪ **Futur en Seine** (le festival du numérique)

Pour promouvoir les innovations numériques, la ville de Paris vivra au rythme du Paris Tech Festival du 4 juin au 7 juillet 2017. Récemment, un festival (gratuit) a été organisé par Cap Digital du 8 juin au 10 juin 2017 à la grande Halle de la Villette : j'ai eu l'opportunité de rencontrer monsieur Philippe Grand, qui m'a bien guidé dans cette exposition. Je ne pouvais manquer ce rendez-vous : c'est un lieu de rencontre avec les start-up, où l'on peut dialoguer et exposer nos problématiques. De plus, des conférences étaient proposées

(« Intelligence artificielle, réalité virtuelle : futur traitement ou future addiction ? »).

Ce qui a attiré mon attention :

- Biomodex : impression 3D au service des chirurgiens. Au moment où je visitais le stand, M. Mounir Mahjoubi (secrétaire d'État au numérique, très modeste) a posé plein de questions... De faux organes sont imprimés en 3D à partir d'une image médicale (IRM, échographie) de patients : le but est de faire de la simulation chirurgicale afin de mieux former les chirurgiens ;
- Auxivia : jeune entreprise française qui développe des solutions innovantes pour améliorer la qualité de vie et de prise en charge des personnes en perte d'autonomie (à domicile ou en maison de retraite) ;
- Nokinomo, qui développe un robot extra-ludique (IA, empathique et plein d'humour !). Bien d'autres robots compagnons sont présents sur ce secteur ;
- Studio Nyx, entreprise de développement numérique... Ces festivités du Futur en Seine se poursuivront jusqu'au 18 juin en banlieue parisienne. À ne pas manquer (si cela se renouvelle ultérieurement) ! Je remercie beaucoup M. Philippe Grand.

▪ Imagine Van Gogh

Imagine Van Gogh est une exposition culturelle, remarquable et immersive, à la Grande Halle de la Villette qui s'est tenue du 23 juin au 10 septembre 2017 : voir (pour plus d'informations) le site www.imagine-vangogh.com. Ce projet culturel a été créé par Annabelle Mauger et Julien

Baron. Ils modifient la perception des visiteurs en utilisant la **réalité augmentée** (voir **chapitre I** de cette deuxième édition de *La révolution numérique de demain*). Grâce à la vidéo projection multiple (images **numériques** agrandies) et au son (musiques de Saint-Saëns, Mozart, Bach), on assiste à un show immersif « original » qui permet (sans grands efforts) de découvrir les multiples chefs-d'œuvre des dernières années de Van Gogh : de 1888-89 [Arles] jusqu'à la fin de sa vie en 1891. Que d'émotions dans une symphonie de lumières, de sons et de couleurs ! Je ne développerai pas les techniques, très avancées numériquement, utilisées afin d'honorer l'art et le peintre (le plus « vraiment peintre » de tous les peintres selon le poète Antonin Artaud). On découvre ses tableaux sur différents voiles d'images (5,50 m x 11 m). La projection dure 30 minutes... en bouclant ; et il est possible de rentrer à tout moment pour découvrir cette vidéo projection « immersive ».

C'est indéniablement une réussite numérique (ce n'est pas la seule : voir Dynamic VR et les films de la Géode) qui montre que La Villette est à la pointe du développement des technologies numériques !

Voici deux photos illustrant cette visite réalisée le 28 juin 2017 :

Photo 3 (à gauche) : autoportraits,
Photo 4 (à droite) : un tableau.

▪ Viva Technology

J'ai visité la deuxième édition du salon Viva Technology (VivaTech) 2017, le 17 juin 2017 (Paris Expo, Porte de Versailles), ouvert au public. C'était l'occasion de voir l'évolution du monde numérique de demain ! Le président E. Macron s'y est rendu le 15 juin et a bien compris l'enjeu économique et sociétal du futur : il aurait fait la promesse de créer un fonds d'aide aux start-up françaises pour accélérer leurs innovations. J'ai eu de nombreux contacts intéressants dont :

– Pôle Emploi (utilisant déjà une application numérique, Emploi Store, qui se généralisera afin que les utilisateurs puissent retrouver un travail et faire des stages de reconversion…) ;

– transports dans la ville intelligente et respirable (IDVROOM, filiale Enedis d'EDF, RATP…) ;

– enfin, la sympathique équipe MyBus (M-Ticketing et géolocalisation gratuites). Leur site est : www.mybus.io et permet d'installer leurs applications : sur Android (https://play.google.com/store/apps/developer…) ou sur iPhone (https :itunes.apple.com/fr/developer/monkey-factory/id1090358943).

Ces divers contacts seront approfondis et répertoriés dans les chapitres suivants.

▪ Paris Virtual Film Festival deuxième édition

La réalité virtuelle est de retour au Forum des Halles (du 30 juin au 2 juillet 2017). Des « bijoux » d'innovation numérique y étaient présentés, entre autres :

– Un spectacle original dans cette majestueuse église Saint-Eustache (Paris 1er) où de grands chefs-d'œuvre du 7e art « s'incarnent dans la réalité sous forme d'hologrammes », accompagnés en musique par un organiste. Hélas, je n'ai pas pu assister à cette création sensationnelle (de l'écran à la réalité), toutes les places étaient réservées (sur invitations) ;

– Cependant, le lendemain (01/07/2017), j'ai pu regarder deux films intéressants en VR : * *Miyubi* : film anglais de 40 minutes (Smartphone incorporé dans le casque de VR + 1 autre petit casque pour le son, avec la nécessité de tourner la tête pour visualiser en 3D dans tout l'environnement). Il raconte l'expérience comique d'une famille anglaise, où le père, enfin présent pour Noël, achète alors à ses deux enfants un robot jouet japonais (on ne voit le robot que vers la fin) ;

– *Deprogrammed* (en expériences immersives, foyer 50) : c'est un film sur l'endoctrinement islamiste et de la déprogrammation mentale (intéressant, d'actualité !).

– Des tables rondes agrémentaient également ces deux journées du 01 et 2 juillet.

Remarques

• Est-ce que cette VR peut nous faire repenser le monde ? C'est peut-être possible, pour les jeunes « très ouverts à ces technologies modernes » ;

• Le programme comportait des films très durs (migrants, attentats…) ;

• Enfin, j'ai assisté (02/07/2017, à 14 h 30) à un concert de jazz (Parc floral) où se produisait une musicienne rennaise, Laura Perrudin. J'ai adoré sa prestation (soul, folk…) dans laquelle elle utilise un instrument original et rare en jazz. Cette harpe chromatique électrique lui permet de prêter sa voix exceptionnelle aux recherches et « bidouilles » numériques (dont elle a le secret). Elle est soutenue par ADAMI (société civile pour l'Administration des droits des artistes et musiciens interprètes), qui aide au renouvellement des talents de tout artiste-interprète ;

• En conclusion, je continue de développer un volet « numérique » que je ne connaissais pas et auquel je voulais « m'initier ». Il s'agit des MOOCs, qui sont finalement de la réalité augmentée en informatique ou autres (dans tous les domaines de formation), accessibles à tous !

Voici les deux MOOCs que j'ai réalisés avec grand plaisir.

IV
DEUX MOOCS RÉALISÉS EN 2016-2017

▪ Le premier MOOC auquel j'ai participé avait pour titre « Écrire deux publications pour le Web » et était organisé par **Rue89**. Je ne suis pas journaliste, e-écrivant sur des supports numériques, mais je voulais découvrir la teneur d'un **MOOC** (qui dépend, bien sûr, du thème retenu : c'est le numérique qui m'intéressait, après l'écriture d'un premier ouvrage : *La révolution numérique de demain*, chez les Éditions du Panthéon).

Après inscription (le 29 septembre 2016), l'apprentissage commence le 3 octobre et s'articule autour d'une première phase de cours gratuits, pendant 4 semaines (chaque semaine : visionnage de 3 à 4 vidéos claires et instructives [Mathieu Deslandes, Olivier Andrieu], activité collaborative à réaliser et réponse à un quiz dont les questions ne sont pas toujours évidentes, mais on peut le refaire 2 fois avant de le valider).

Cela demande un investissement de deux à quatre heures par semaine et il est possible d'interagir aisément sur les réseaux sociaux, Facebook ou Twitter. Cette première phase est très agréable.

Puis, dans un deuxième temps (non obligatoire, durant deux semaines), il nous est proposé une étude de cas payante (60 euros : ce qui me semble être une juste rémunération pour les savoirs acquis précédemment). Nous avons un article à rédiger et nous devons corriger les copies de cinq pairs et réciproquement.

Voici succinctement l'énoncé du cas pratique :

– Définition du contexte : proposer un article (à la rédaction en chef de Rue89/L'Obs) optimisé pour une publication web (sujet libre, contenir au moins deux éléments multimédias ou interactifs, à rendre avant le jeudi 10 novembre 2016 à 23 heures).

– Étapes à réaliser : contenu de la publication web. Le sujet choisi par moi fut « **La dématérialisation numérique** ». Le contenu de ce MOOC n'est plus consultable.

La dématérialisation numérique est une adaptation digitale qui encourage à supprimer les documents papier. D'ailleurs, le gouvernement rend publiques plusieurs mesures destinées à faciliter la vie administrative des citoyens. Quelques exemples :

- la **prédemande**, pour le renouvellement d'une carte d'identité et passeport, pourra se faire en ligne : un seul déplacement en mairie suffira pour avoir ces papiers ;
- les **déclarations de travaux** pourront se faire grâce à un seul formulaire en ligne ;
- le **parcours scolaire** de son enfant devrait être plus simple : les parents n'auront plus qu'un seul point d'accès numérique (mais cette mesure expérimentale sera testée à la rentrée 2018 dans l'académie de Rennes).

Le seul problème, en matière de numérisation, reste la lecture. La France est une nation plutôt littéraire (nombreux écrivains, prix divers prestigieux...) et le **livre « papier »** résiste bien (pseudo-échec des e-books : la plupart des éditeurs publient, parallèlement au livre papier, un **ouvrage numérique** en fichier PDF). L'important est de lire, peu importe le support !

On peut étendre cette réflexion à l'Éducation nationale, qui aurait beaucoup d'avantages à s'ouvrir sur la numérisation des ouvrages proposés en début de chaque année scolaire (renouvellement des manuels scolaires lors des changements de programmes, la gestion bibliothécaire des établissements).

▪ Propositions innovantes

La vague digitale déferle partout et plusieurs idées me viennent à l'esprit (qu'elles seront leur degré de faisabilité ?) :

– Le recrutement numérique : Pôle Emploi aide déjà les chômeurs à réaliser des CV numériques (sauf pour les récalcitrants...). Des sociétés comme Carrefour, reçoivent un nombre considérable de CV prérecrutés informatiquement. Ensuite, la chaîne humaine se déploie (téléphone, entretiens). Cela redessinera la filière RH dans son ensemble ! C'est le moment, pour les demandeurs d'emploi et les salariés du privé, de créer son CPF (compte personnel de formation), qui a succédé au DIF (droit individuel à la formation) le 1er janvier 2015. Il permet de bénéficier d'heures de formation tout au long de sa vie professionnelle. En cette période de mutation numérique, cela autorisera l'adaptation aux changements structurels d'un métier et de retrouver plus facilement un emploi en cas de licenciement (www.le-compte-personnel-formation.com) ;

– Ne pourrait-on pas étendre cette dématérialisation au niveau des cours, devoirs surveillés et même, sujets d'examen ou concours de classes préparatoires aux grandes écoles où le papier, très volumineux, est très coûteux ? C'est un problème qui doit être débattu au sein de l'Éducation nationale ;

– Une autre extension possible de cette dématérialisation (transparence, sécurité informatique, confidentialité…) pourrait également être applicable à la validation des comptes de campagne électorale des différents partis politiques qui s'activent fortement maintenant (primaires, élection présidentielle). Heureusement, en France, il y a un plafonnement des dépenses, pas toujours facile à vérifier par la Commission de contrôle. Exemple, l'affaire Pygmalion !

Puis, je me suis inscrit à un deuxième MOOC (le 30 janvier 2017), toujours sur Rue89, sur le thème « Informer et communiquer sur les **réseaux sociaux** ».

Je confesse que j'avais, a priori un jugement plutôt négatif sur ces moyens de communication (excepté « LinkedIn »), qui sont pourtant un outil puissant et intéressant. Ce concept informatique (lié à Internet), où l'on a en continu de l'information (images, textes, vidéos) que l'on lit librement, est une nouvelle forme de communication. Il ne faut pas voir ce monde des réseaux sociaux comme étant virtuel, déconnecté du monde réel : cela peut être un maillon supplémentaire de la chaîne orale classique qui nous rapproche les uns des autres afin de mieux communiquer ensemble et de bien nous connaître. Grâce à eux, on peut nouer des contacts géographiquement illimités et multiplier les sujets de discussion sur des thèmes qui nous intéressent (antidote contre un certain isolement). Bien sûr, il faut les utiliser intelligemment (réglages de certains paramètres de confidentialité, limitation du temps de fréquentation, réalisation de pages personnalisées...).

Les modalités sont identiques :

- **quatre modules de cours** (1 : pourquoi les réseaux sociaux sont-ils devenus indispensables ; 2 : trouver et vérifier des informations sur les réseaux sociaux ; 3 : adapter et diffuser ses contenus ; 4 : vérifier la pertinence de sa stratégie *social media*) consistant à visualiser des vidéos (7 pour le premier cours, 6 pour le second...) suivies d'exercices récapitulatifs donnant des points supplémentaires. Un quiz par module est proposé (10 questions, 3 tentatives possibles), la note est immédiatement affichée : ces logiciels de correction automatique ne sont possibles que pour des quiz « courts » (à condition qu'ils soient bien libellés !). Pour les examens, et surtout les concours de grandes écoles (durée : 4 heures), c'est impossible : les mains des correcteurs seront indispensables, l'outil informatique ne pouvant qu'apporter une aide de dématérialisation ; j'en reparlerai dans le chapitre XII sur l'Éducation nationale ;

- **deux cas pratiques** : **cas pratique 1**, après le module 3 « Définir sa stratégie *social media* » qui prépare le **cas pratique 2 final** (avec évaluation de cinq pairs, pour chaque cas pratique), juste après le module 4.

C'est avec grand plaisir que je vous soumets ces deux cas pratiques (réalisés avec un peu de précipitation... j'étais en cours d'écriture de la deuxième édition de cet ouvrage *La révolution numérique de demain*).

Cas pratiques MOOC : Vérifier la pertinence de sa stratégie *social media*

LE CAS PRATIQUE N° 1 :

Question 1 : Présentez votre marque, sa présence actuelle sur le web et dites en quoi une stratégie *social media* est pertinente pour son développement.

{Consigne : en 200 mots maximum}

Réponse 1 : Je suis l'auteur d'un ouvrage, *La révolution numérique de demain,* (chez les Éditions du Panthéon) dont la date de parution est prévue le 17 février 2017 : voir le site https://www.editions-pantheon.fr/catalogue/la-revolution-numerique-de-demain. Je n'étais pas un grand utilisateur des réseaux sociaux jusqu'à maintenant, mais je mets à profit l'expérience de ce MOOC pour explorer le champ des possibles.

Ma stratégie *social media* aura donc pour motivation première de mettre en œuvre la promotion de ce livre (dont la deuxième version est en cours d'écriture).

Question 2 : Déterminez les deux réseaux sur lesquels vous devez être actif et justifiez cette présence.

{Consigne : Indiquez les liens des comptes sociaux ou les captures d'écran que vous choisissez de présenter pour ce cas pratique en donnant les raisons pour lesquelles vous avez choisi en priorité d'y être présent et en quoi ils sont essentiels à votre stratégie.}

Réponse 2 :

1- LinkedIn : c'est pour moi (ancien enseignant) le réseau social privilégié (possibilité de dialoguer avec mes anciens étudiants qui ont fait l'objet d'excellents recrutements, et avec des collègues...). J'essaierai, au mieux, de paramétrer les informations relatives à ma page concernant cet ouvrage. J'essaierai également d'y intégrer un visuel du livre.

2- Facebook : Je viens de m'inscrire à ce réseau social très fréquenté pour sa bulle informationnelle très dynamique. Il me semble important de bien régler ses paramètres de confidentialité (site de rencontre) ! Ce sera une grande vitrine de l'ouvrage (réseau le plus consulté) que j'essaierai de mettre à jour régulièrement (page de couverture, publications).

Question 3 : Choisissez un ou deux réseaux supplémentaires qui viendront compléter votre stratégie initiale et expliquez pourquoi ce déploiement est nécessaire.
{Consigne : Indiquer les liens des comptes sociaux ou les captures d'écran de ce(s) complémentaire(s), en donnant les raisons pour lesquelles vous souhaitez y développer une présence et en quoi ils sont complémentaires aux autres. Justification : 100 mots pour chaque réseau social}.

Réponse 3 :

J'ai ensuite opté pour Twitter, car c'est un réseau social puissant (voir Donald qui « twitte » tous les jours...) : c'est un réseau qui peut être pertinent dans une optique littéraire (de nombreuses maisons d'édition y sont présentes) et non politique, en ce qui me concerne. Des réseaux plus modernes (Périscope, Snapchat, Instagram...), plutôt fréquentés par les jeunes, ne seraient a priori pas mieux adaptés (cible « décalée »...).

LE CAS PRATIQUE N° 2 :

Question 1 : Commencez à diffuser votre activité/ vos actualités ou à faire votre promotion.

{Consigne : pour chaque réseau social (les principaux et les secondaires déterminés dans le premier cas pratique), donner deux exemples de création et de diffusion de contenus différents – soit par un lien, soit par une capture d'écran. Expliquez votre démarche. Justification : 150 mots maximum par réseau social, si nécessaire}.

Réponse 1 : Mon livre vient d'être publié chez les Éditions du Panthéon (saisir, à l'aide d'un navigateur, la revolution numerique de demain : un lien hyperactif renverra vers les pages Éditions du Panthéon, Amazon...). Un site, portant le même nom, a également été créé sur Facebook (consultable quand on tape : Jean-Marie Huet Facebook ou la révolution numérique de demain).

Question 2 : Démarrez et entretenez la discussion avec votre communauté.

{Consigne : alimentez votre communauté en utilisant les différents leviers décrits dans le cours. Pour chaque réseau, donnez au moins trois exemples différents d'interactions que vous avez réalisées ou que vous souhaiteriez développer à l'avenir pour entretenir le lien avec votre communauté. Ou comment vous souhaiteriez mettre en valeur les interventions de votre communauté.

Justification : 150 mots maximum par réseau social.}

Réponse 2 :

1- LinkedIn :
Voici le texte qui accompagnait le visuel (qui n'est plus disponible) : c'est la photo de mon profil URL dont le lien est indiqué en **Réponse 1**.

Nous entrons inéluctablement dans l'ère numérique (robots, drones, objets connectés et bientôt la voiture intelligente). Ce monde évolue très vite (il faut rester éveillé...). Face à cela, plusieurs leviers seront possibles (formation, rôle accentué des parents...). Il ne faut pas rater ce virage fondamental.

2- Facebook :
Depuis ce MOOC, la page s'est enrichie progressivement et continue de l'être !

Extrait de la présentation de l'ouvrage : le but de cet ouvrage, concernant cette troisième révolution numérique et culturelle déjà en cours, est d'apporter mon témoignage. La Révolution française a montré les modifications que la société a dû affronter... Celle-ci se fera sans « guillotine », mais sera tout de même « tranchante ».

3- Twitter :

Extrait du texte accompagnant le visuel indisponible : « le numérique est la révolution du XXIe incontournable, que nous devrons tous affronter... Il est au cœur des enjeux politiques, sociétaux et industriels (industrie 4.0) de demain (Cloud, big data, objets connectés, Open Source) ».

Question 3 : Déterminez les statistiques importantes pour mesurer le succès de votre stratégie, donnez quelques premiers chiffres au bout de quelques jours de présence en ligne.

{Consignes : vous ne serez pas notés sur des objectifs chiffrés à atteindre. En revanche, nous vous demanderons de choisir les statistiques pertinentes que vous allez suivre sur chaque réseau (là où il y en a) et de justifier vos choix.

Justification : 150 mots par réseau social}.

Réponse 3 :

Il m'est difficile de répondre à cette question, n'étant pas un grand assidu des réseaux sociaux !

Je verrai selon l'expérience, qui sera mise en pratique bientôt : je suppose que chaque réseau a sa propre politique et diffuse des statistiques. L'important est de consulter régulièrement ses pages, de les mettre à jour de temps en temps et de répondre à tout internaute... si cela vaut la peine !

L'essentiel est aussi de partager certains contenus, objectivement et honnêtement (attention aux fake-news).

- **Conclusion et bilan de ce MOOC :**

  – J'ai découvert l'existence d'un très grand nombre de réseaux sociaux : les quatre plus fréquentés sont, a priori :

  • **Facebook** (très convivial, facile d'utilisation et supervisé par une équipe de contrôle et modération « efficace » pour les sites de rencontre (cela peut être magique pour faire de bonnes rencontres : mais il faut être très vigilant). Ce qui est bien, c'est que l'on peut booster ses publications, pour des sommes modiques ;

  • **LinkedIn** (très sérieux, professionnel [étudiants, recruteurs, journalistes...] et son interface s'est considérablement améliorée récemment), il permet même de publier simultanément sur Facebook ou Twitter : ce qui est très bien ;

  • **Twitter** (la twittosphère est contraignante [message limité à 140 caractères], utilisation du hashtag (#) pour Twitter. Il est très utilisé par d'illustres personnes politiques et institutions... C'est un réseau très particulier) ;

  • **YouTube** (site Internet d'hébergement de vidéos que tout le monde peut envoyer, visualiser, partager : il apparaît comme le plus moderne (auprès des jeunes) ! Je ne le connais pas bien) ;

  – Il y en a bien d'autres (Instagram, Périscope, Snapchat...) ayant des publics très ciblés ;

– Pour réaliser la promotion de la première édition de cet ouvrage *La révolution numérique de demain*, j'ai seulement utilisé les trois premiers réseaux dans un premier temps. Je n'exclus pas d'utiliser, ultérieurement, **YouTube** afin d'insérer des vidéos sur les pages personnelles des trois premiers réseaux sociaux ;

– Voici les trois adresses de mes trois premières pages personnelles réalisées après ce MOOC :

• Facebook : https://www.facebook.com/jeanmarie.huet.10 (qui m'a également créé un site sur mon ouvrage : la révolution numérique de demain « VOS PAGES », en haut des « CONTACTS ») ;

• Twitter : https://twitter.com/LolynaJean (@ LolynaJean),

• LinkedIn : https://www.linkedin.com/in/jean-marie-huet-54510987/.

Remarques

1- Ces réseaux sociaux (surtout Facebook) sont très fréquentés par les internautes de toutes catégories (âge, profession, objectifs divers.). Twitter est plus particulier (la « twittosphère », basée sur les hashtags (signe #), a des contraintes pour communiquer). Ils fascinent et parfois inquiètent (particulièrement dans la sphère de la vie privée ou publique). Un exemple récent (je ne mets en avant aucune connotation politique, dans cet ouvrage qui se doit de respecter toutes les opinions) concerne le piratage « informatique » du mouvement d'E. Macron, En Marche, le soir du débat télévisé (03/05/2017) entre les deux candidats présidentiables : madame Marine Le Pen et monsieur Emmanuel Macron.

Madame Le Pen, vers la fin du débat, a fait état d'une rumeur selon laquelle monsieur Emmanuel Macron avait (peut-être) un compte *offshore* aux Bahamas, ce qui fut étayé par de nombreux messages sur les réseaux sociaux. A-t-elle essayé d'imiter M. Trump aux États-Unis, spécialiste de prétendues fausses informations (*fake news*) qu'il brandit souvent dans ses *tweets* ? Cela me rappelle une « conversation scientifique » organisée par France Culture (Théâtre de l'Odéon). Elle était animée par Étienne Klein, avec **Gérald Bronner** (professeur de sociologie). Le sujet était :

« Quelle est la part du **vrai** et du **faux** dans ce que nous propose Internet ? »

Informations, intoxications, croyances... : comment se protéger contre la propagation du faux et éviter la manipulation numérique ? Pourtant, on aurait pu croire que ce nouveau vecteur multimédia, ouvert à la libre circulation de l'information et à l'augmentation du niveau d'acquisition des connaissances pour tous, allait aider les sociétés démocratiques à évoluer vers une forme de sagesse collective. J'ai parfois l'impression qu'elles semblent avoir du mal à se protéger contre cette propagation du faux. J'ose penser que seuls la culture acquise à l'école et l'esprit critique nous permettront de rester vigilants.

Les réseaux sociaux (et Internet en général) sont un espace de liberté où chacun peut communiquer librement (pas pour faire n'importe quoi !) et avoir un regard très ouvert sur le monde extérieur. Les droits de tous les utilisateurs doivent y être respectés pour que cette superbe « toile » demeure un espace privilégié d'échanges et de respect mutuel. Mais les contrôles sont difficiles (sites de rencontre [pas très grave : cela se gère personnellement], terrorisme djihadiste (comme dernièrement à Manchester)). Cet attentat lâche du 22 mai 2017 (22 morts, dont de nombreux jeunes) est revendiqué par Daech dont les actes, une fois de plus, inspirent de profonds mépris et dégoût.

Certains réseaux sociaux devraient collaborer avec les polices du monde entier en établissant des fiches de signalement et aider à éradiquer ces cervelles manipulées et fanatiques, qui font de grands désastres auprès de familles innocentes.

Pourtant, ces réseaux sociaux ont des politiques de **confidentialité** mises à jour régulièrement (transparence et contrôle, données Web, partage des données, personnalisation...), mais il faut régler ces paramètres (Facebook a une excellente équipe de modérateurs) ! Heureusement, l'arrivée prochaine (mai 2018) du RGPD (Règlement Général sur la Protection des Données) devrait améliorer cette *ePrivacy* (vie privée des citoyens).

2- Article du Figaro (24/05/2017) que je résume :

Les Anglais viennent de réaliser une enquête (RSPH : Société royale de santé publique) sur

« les réseaux sociaux, la santé mentale et le bien-être des jeunes gens ». Les spécialistes indiquent clairement que leur impact sur la santé mentale (qualité du sommeil, expression de soi, perception du monde environnant...) est très problématique. Un psychanalyste (Jean-Michel Huet, Paris, que je ne connais pas) explique la dangerosité de ces réseaux sociaux pour les adolescents :

« Sur les réseaux sociaux, on est toujours en train de demander les suffrages des autres, y compris des gens dont on n'a rien à faire et des gens qui ne vous connaissent pas ou seulement un aspect de notre personnalité. »

Le besoin de conformité est fort à cet âge-là. Mais tout n'est pas complètement noir : les jeunes soulignent l'intérêt psychologique de pouvoir s'exprimer, d'avoir l'impression d'appartenir à une communauté et de pouvoir bénéficier d'un support émotionnel. En fait, pour eux, les réseaux sociaux sont un bistrot ouvert en permanence où l'on peut s'exprimer en quelques secondes sur n'importe quel sujet. En conclusion, il vaut mieux que les adolescents passent plus de temps au téléphone avec leurs proches, ils dormiront nettement mieux et pourront bien suivre les cours qui leur seront dispensés à l'école !

Pourtant, une idée de projet éducatif (pour la rentrée prochaine) pose la question suivante : pourquoi ne pas apprendre aux élèves (d'écoles primaires) à utiliser un réseau social **en toute sécurité ?** Le problème n'est pas d'apprendre à utiliser un réseau social (tous les jeunes internautes sauront le faire), mais de les sensibiliser éventuellement à la **confidentialité et à la sécurité des informations personnelles** ! Toutefois, aucune méthode de transmission ou de stockage des données numériques ne peut être complètement sécurisée... Et là, il y a beaucoup de travail à faire auprès des jeunes générations. Il n'y a rien de mieux pour les enfants que de lire (le plus possible, c'est fondamental : livres papier ou numériques) et d'écrire (devoirs en classe). En quoi les réseaux sociaux motiveraient-ils davantage les enfants à lire et écrire ?

Les données personnelles sont des informations dont il faut prendre soin, surtout dans le cadre d'un environnement commercial. Toute personne ayant un problème avec sa société commerciale concernant l'usage de ses données personnelles doit d'abord s'adresser à l'entreprise. Après, elle peut déposer une plainte en contactant la CNIL.

Un nouveau règlement européen devrait entrer en vigueur le 25 mai 2018, en créant des sanctions plus sévères pour les entreprises et un renforcement des nouveaux droits pour les consommateurs (le RGPD).

3- Formations des salariés, autrement, grâce aux MOOCs d'entreprise. Ces sessions de formation en ligne, de plus en plus offertes, permettent aux internautes de progresser à leur rythme (vidéos, exercices ludiques comme les quiz). D'ailleurs, un autre acronyme, **COOC** (Corporate **O**pen **O**nline

Course), intéresse beaucoup certaines entreprises pour ces modes d'apprentissage, à l'ère du numérique. Ils intègrent de nouveaux outils (projet de transformation de l'entreprise, formation et sélection aux nouveaux métiers…). C'est une formation en ligne à ne pas négliger !

Avant de revenir aux réseaux sociaux, voici un paragraphe concernant les entreprises qui sont soumises à ces problèmes digitaux de très grande ampleur, que seules de grandes sociétés spécialisées dans ce domaine peuvent résoudre !

4- La transformation digitale des entreprises est un enjeu vital pour aborder cette révolution numérique de demain : plusieurs sociétés, spécialisées dans ce domaine, existent. Je vous en propose quelques autres :

– La société ELO Digital Office, qui m'a autorisé à utiliser ce thème lors du cas pratique du premier MOOC réalisé en début novembre 2016 (voir le chapitre IV) ;

– La société ECM (Enterprise Content Management), qui a publié un livre blanc très intéressant. Le règlement général sur la protection des données (RGPD) entrera en vigueur en mai 2018 (rapport de l'AIIM) et aura un impact international sur la manière dont les entreprises géreront et protégeront les informations personnelles des citoyens de l'UE. Les algorithmes de l'IA (intelligence artificielle) vont envahir tout l'univers numérique et les transformations digitales des entreprises sont directement au cœur de ce processus (transfert de leurs données dans le Cloud, par exemple).

Par contre, la sécurité numérique est déjà et deviendra un grand chantier : voir le chapitre VII.

V
LES RÉSEAUX SOCIAUX ET LE DROIT AU RESPECT DE LA VIE PRIVÉE

- Le piratage d'En Marche ! (à voir dans le chapitre VII : Cyberattaques, cybersécurité, cyberrésilience)

Vendredi (05/05/2017), juste avant la fin de la campagne officielle, des milliers de documents (piratés sur les messageries d'EM (En Marche, mouvement d'Emmanuel Macron)) et des faux documents ont été diffusés sur les réseaux sociaux. Cela représente des gigaoctets de mails [big data] piratés. Un chercheur belge (Nicolas Vanderbiest) aurait cartographié (grâce à des algorithmes puissants) la propagation de cette intox : extrême droite américaine, communauté russophile, front national.

Il serait fort souhaitable que des lois viennent encadrer (en France et dans le monde entier) les réseaux sociaux qui ne sont pas responsables de cette désinformation qui leur échappe complètement (influenceurs spécialisés dans les « fake news »...). Il faudrait légiférer sur cela et infliger de lourdes peines pénales afin de faire comprendre que les réseaux sociaux n'ont pas pour objectif de « détruire », mais bien au contraire de « construire » des relations ! Ils ont l'avantage de permettre l'immédiateté de la communication (vraie ou fausse, attention à l'asservissement !). Il y a bien d'autres espaces de communication (radio, journaux, revues, livres...) qui incitent souvent à une plus grande réflexion. Et de plus, ces réseaux sociaux sont devenus un moyen clé fondamental pour les entreprises de se faire connaître et d'embaucher !

▪ Une excellente journée de conférences innovantes dédiées aux enjeux couplés des technologies et du droit (organisée par le groupe Serda Archimag et le cabinet Alain Bensoussan Avocats) s'est déroulée au CNAM (Conservatoire national des arts et métiers) le jeudi 17 novembre 2016. Voici quelques extraits que j'ai pris en note :

– la fraude est de moins en moins détectable face à ces technologies informatiques. Voici des exemples : sites de rencontre, ou autres, sur les réseaux sociaux (malgré les règles de confidentialité ou les équipes de modérateurs) ;

– la fraude documentaire (faux certificats, diplômes...) : il est difficile pour la police ou le juriste de détecter le vrai du faux...,

– cette problématique juridique des documents numériques nécessite un nouveau droit : les individus numérisent leur vie et alimentent massivement des données collectées sur Internet... qui pourraient être problématiques dans un État non démocratique.

Deux livres remarquables, dont je recommande la lecture, expliquent très bien tous ces aspects : *Les réseaux sociaux sur Internet et le droit au respect de la vie privée*, par Ludovic Pailler, édité par le groupe Larcier et *La face cachée d'internet : hackers, darkweb...* par Rayna Stamboliyska (chez LAROUSSE).

Voici le « plat verso » (ou 4e page de couverture) donnant une présentation exhaustive du premier auteur cité précédemment !

Alors que le plus célèbre des réseaux sociaux, Facebook, rassemble plus d'un douzième de la population mondiale, qui échange plus de trente millions de contenus chaque mois, l'inquiétude se fait grandissante quant au sort que réservent ces nouvelles merveilles de la technologie aux informations personnelles que leur fournissent volontairement les utilisateurs. Plus largement, outre l'exploitation commerciale, l'accessibilité des données par des tiers amplifie et renouvelle les atteintes susceptibles d'être portées au droit au respect de la vie privée. Celle-ci est en effet l'épicentre des dangers soulignés par les rapports de différentes institutions nationales et internationales. Ces nouveaux services pourraient-ils être une illustration, ou la source d'un déclin du droit au respect de la vie privée ?

L'ouvrage répond par la négative bien qu'il dresse un constat alarmant d'une diminution de la sphère relevant de la vie privée personnelle de l'individu qui s'induit déjà de sa seule inscription sur le réseau. Toutefois, une solution de conciliation, d'autant plus urgente à l'orée d'un web sémantique, serait à rechercher dans la protection des données à caractère personnel qui sert de relais, dans le domaine informatique, à la protection de la vie privée.

En revanche, l'autre acception de la vie privée issue de la jurisprudence de la Cour européenne des droits de l'homme, la vie privée sociale, ressort grandie de cette évolution du monde numérique puisqu'elle partage avec cette dernière le même objet : nouer et développer des relations avec autrui et le monde extérieur. Il en résulte une utilité réciproque de ces deux éléments.

Ludovic Pailler
Doctorant en droit privé à la faculté de droit et de sciences économiques de Limoges

REMARQUE : les réseaux sociaux, bien utilisés, peuvent être un grand vecteur d'ouverture sociale et intellectuelle.

VI
LES ROBOTS EN GÉNÉRAL ET LE DROIT QUI POURRAIT S'APPLIQUER EN CAS DE CONFLITS OU ACCIDENTS (D'APRÈS LEXING TECHNOLOGIES AVANCÉES & DROIT)

Ce propos résulte d'une journée de conférences innovantes « Technolex » (organisée par le groupe Seda Archimag et le cabinet Alain Bensoussan Avocats) qui s'est déroulée au CNAM (Conservatoire national des arts et métiers) le 17 novembre 2016. Ci-joints quelques extraits (voir, pour plus d'informations, le site www.technolex.eu). J'y ajoute des commentaires personnels. La robotique est née de l'intelligence artificielle (voir première édition), dont les pères fondateurs sont nés entre les années 1800-1900 :

- **George Boole** (1847) a inventé l'algèbre binaire (de base 2), la base du codage de l'information utilisée par les ordinateurs. En fait, il a unifié la logique et

les calculs dans un symbolisme commun.
- **Gottlob Frege** (1879) a introduit une *lingua characterica.* C'est un langage écrit dans des symboles spéciaux, pour la « pensée pure », sans aucun embellissement rhétorique. C'est une construction utilisant des symboles spécifiques, manipulés selon des règles bien définies.
- **Giuseppe Peano** (1888) a écrit *Les principes de l'arithmétique,* présentés par une nouvelle méthode. Elle a été la première tentative d'axiomatisation des mathématiques dans un langage symbolique.
- **Alfred North Whitehead** et **Bertrand Russell** ont simplifié et amélioré le travail de **Frege** avec le *Principia Mathematica* (1910-1913).
- **Kurt Goëdel** (1931) cita le paradoxe du menteur (réduisant ainsi les règles de récursion entièrement en nombres).

Le concept a été formalisé en 1936 avec les machines **d'Alan Turing** (l'un des plus **grands génies de l'informatique**), ayant inventé un ordinateur virtuel disposant d'une mémoire infinie sur un ruban de papier et d'un pointeur, qui est l'équivalent d'une tête de lecture. Il ouvrit la voie à la publication de nombreux ouvrages et thèses sur ce thème dont le calcul lambda d'**Alonzo Church**. Ces travaux sont à l'origine du développement de l'informatique.

Ensuite, de grands noms (J. MacCarthy, Minsky, Claude Shannon, Allen Newell...) ont permis de grandes évolutions dans le domaine de l'intelligence artificielle, difficile à définir (dialectique entre le cerveau humain et la machine ou science qui consiste à faire faire aux machines des tâches répétitives que l'homme pourrait faire, moyennant une certaine intelligence...). Tout cela est résumé dans la première édition de l'ouvrage *La révolution numérique de demain*, publié aux Éditions du Panthéon (chapitre II - pages 45 à 57). C'est là qu'intervient un grand nœud gordien : le croisement du **droit** et des **technologies numériques**. L'application des technologies numériques dans les activités humaines ne peut se faire en méconnaissance des lois et du droit dont le rôle est de protéger les individus dans la société humaine et de garantir leurs droits. Plus que jamais, le législateur est devancé par l'innovation numérique dont le développement galopant l'oblige à adapter le système législatif en permanence. Mais l'inertie fait apparaître un certain flou juridique qui devra être comblé progressivement. Voici quelques exemples : responsabilité entre créateurs et utilisateurs [robotique, voitures intelligentes], problèmes juridiques des documents numériques [GED : droit d'auteur, protection des données personnelles, fraude...].

Une deuxième génération de robots « collaboratifs » (très différents des robots industriels) se développe de plus en plus. Ce sont des robots « gentils », conçus pour interagir avec l'être humain (attentifs, proposant de bons services aux moments appropriés). Ils sont gérés par de nouveaux algorithmes de l'**IA** et sont capables de réagir à certaines émotions (fruit d'une certaine programmation). Un **problème** se pose : le robot peut-il manipuler nos émotions ? Tout dépend du logiciel réalisé (éthique du développeur) et de l'intelligence de la personne qui l'utilise. Pour conclure cette matinée, on nous a présenté le robot **humanoïde NAO** (58 cm de hauteur) : c'est un robot **attachant, interactif** et **personnalisable**. Il est le fruit d'une combinaison entre la mécanique (comportant de nombreux capteurs et moteurs très sophistiqués) et des logiciels d'IA gérés par un système d'exploitation (NAOqi OS). Il peut utiliser différents modes de connectivité (wi-fi, Ethernet) et sa « personnalité » peut être enrichie grâce au logiciel Chorégraphe. Après son branchement électrique (il était assis sur une table), il s'est relevé... en clignotant de toutes parts et nous a souhaité la bienvenue à ce colloque. Le conférencier lui a posé diverses questions, auxquelles il répondait très gentiment :

« Comment vas-tu ?

- Bien.

- Es-tu content d'être ici, au CNAM, pour ce colloque Technolex ?

- Oui, bien sûr... »

Finalement, un **robot** est géré par des algorithmes très sophistiqués et devient de plus en plus intelligent (il est capable de percevoir et d'interpréter son environnement et est capable de prendre des décisions grâce à des logiciels... qui ne cessent d'évoluer). Mais un robot reste une machine : quelle est alors sa personnalité juridique ? La plaidoirie de maître Bensoussan, très complète (robot compagnon, voiture autonome, robot chirurgical...), alliant la technologie et le juridique, fut remarquable.

Ces juristes ont écrit un livre remarquable dont je recommande vivement la lecture : *Droit des robots,* par Alain et Jérémy Bensoussan, chez le groupe Larcier.

Je joins le « plat verso » (ou 4e page de couverture) résumant le thème central de leur ouvrage.

DROIT DES ROBOTS

La robotique constitue incontestablement un levier de croissance de nature à modifier, en profondeur, les modes de production et les modèles économiques existants, en plus de susciter, pour certaines de ses formes, de nouveaux types de rapports sociaux qui ne seraient pas purement humains.

La singularité du robot dans l'espace juridique a vocation à s'accentuer ; symétriquement, tandis que la pertinence de la qualification de bien meuble décroît, la nécessité de doter le robot intelligent d'un statut juridique inédit se fait plus pressante.

Ce mouvement en vases communiquants a ceci de particulier qu'il semble à la fois unilatéral et irréversible : la puissance de l'industrie robotique, l'implication des plus grands acteurs de l'économie numérique, l'importance des enjeux financiers, l'engouement de la recherche et l'appétence sociale constituent, ensemble, une assise particulièrement solide à l'avènement de la robotique intelligente.

Une fois la rupture technologique consommée – résultant de la liberté dont disposera le robot, elle-même alimentée par ses capacités d'apprentissage –, le droit n'aura d'autre choix que de s'aligner.

Le présent ouvrage apporte de premières orientations juridiques.

Alain Bensoussan, avocat à la Cour d'appel de Paris, spécialiste en droit des nouvelles technologies de l'informatique et de la communication et fondateur de Lexing ®, premier réseau international d'avocats technologues dédié au droit des technologies avancées. Il est également président et fondateur de l'Association du droit des robots (ADDR).

Jérémy Bensoussan, avocat à la Cour d'appel de Paris et ingénieur diplômé de l'École Spéciale des Travaux Publics (ESTP Paris). Il est également membre de l'Association du droit des robots (ADDR).

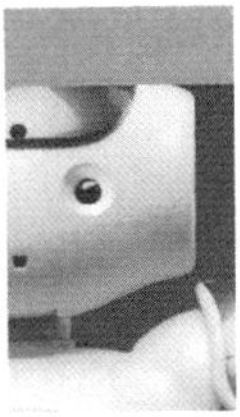

DROROB
ISBN 978-2-8044-7848-3

larcier

J'ai assisté à la 2e édition de Technolex, toujours organisée par les groupes Serda Archimag et cabinet Bensoussan le 29 novembre 2017, au **Collège des Bernardins**. Le thème portait sur : « Disruption digitale et droit : convaincre, rassurer, innover ». Ces technologies numériques révolutionnent le monde des entreprises (zéro papier, chatbots, robots... toutes ces innovations étant le fruit de l'intelligence artificielle). Ce groupe, Technolex, a été créé par maître **Alain Bensoussan** (sa *keynote* finale, ou plaidoirie, sur l'IA a été géniale et pleine de subtilité : quelle régulation pour le code... *informatique et civil : humour de l'auteur*) et madame **Louise Guerre**, du groupe Serda Archimag (qui a animé un excellent débat sur l'IA et la régulation des agents intelligents). Le cocktail de clôture, comme toujours très convivial, permet de rencontrer des personnes très intéressantes (juristes, chercheurs, technologues : cette mixité des métiers est très fructueuse). Un 3e colloque se tiendra l'année prochaine, dans ce même lieu sublime.

Je résume brièvement les événements auxquels j'ai assisté :

– Atelier 1 (9 h 30 – 10 h 45) : Vivre et travailler avec les données personnelles (Intervenants : A. Heslot, F. Grandille, S. Piot, C. Torres).

Les volumes de données personnelles ont un développement exponentiel sans précédent (big data) et les entreprises devront appliquer de nouvelles règles (adopté par le Parlement européen le 14 avril 2016) en mai 2018 : le **RGDP** (règlement général des données personnelles, comportant 99 articles et 400 obligations). Nul doute que personne ne sera prêt, car c'est complexe (droit juridique des entreprises et sous-traitants, purge des données personnelles...). La **CNIL** (Commission nationale de l'informatique et des libertés) est chargée de la mise en conformité de cette nouvelle réglementation (voir, sur Internet, CNIL). Le **CIL** (correspondant informatique et libertés) sera remplacé par le délégué à la protection des données (ou *Data Protection Officier* : **DPO**). Que de sigles : il y a de quoi y perdre son latin... Mais c'est la contrepartie juridique de cette révolution numérique. Il faut assurer un haut niveau de protection (libre circulation des données informatiques dans l'UE : création d'un marché unique « numérique » ?). Il faudra encore des étages supérieurs : gouvernance des données dans les entreprises et des autorités de protection des données (création d'une super CNIL, comme le **CEPP** : Comité européen de la protection des données).

– Atelier 4 (11 h 15 – 12 h 30) : **Vivre et travailler avec les objets connectés intelligents** (Intervenants : A. Coquer, F. Forster, N. Plouviet, S. Guissart, D. de Amorim).

J'ai déjà consacré un chapitre à ce thème, maintenant dépassé (1er ouvrage : pages 163 – 182). Ces objets sont de plus en plus omniprésents dans notre vie quotidienne (évolution hyperexponentielle, l'innovation n'a pas de limites). Il est prévu 50 à 80 milliards d'utilisations d'objets connectés (objets divers et variés : montres, podomètres, chaussures, tee-shirt...) ; maisons (domotique) et surtout les voitures, qui sont déjà connectées mais qui vont devenir intelligentes dans les années à venir ! Quelle infrastructure informatique, et juridique, pour l'IoT (*Internet of Things*) ou IdO (« Internet des objets connectés » en français) cela nécessitera-t-il ? Il y a de nombreux enjeux en matière de communication [réseaux 4G actuellement, 5G à venir], de sécurité et d'intelligence embarquée, juridique (sécurité, données personnelles, responsabilité). Un choix cornélien sera à opérer : qui sera « responsable » en cas de graves problèmes (le fabricant, le développeur de l'algorithme...) ? Pour l'instant, il n'y a aucune réglementation globale concernant les objets connectés !

Ne pas oublier **iPrivacy** pour protéger ses données personnelles (cryptage ou déchiffrement...) et masquer son adresse IP !

L'après-midi était consacré à des conférences plénières :

– Conférence 1 (14 heures – 15 h 45) : **Robots et drones au service des organisations** (Intervenants sur les robots : Rodolphe Hasselvander (qui nous a présenté le robot compagnon Buddy, développé par sa société), Jérémy Bensoussan (fils de maître Alain Bensoussan), Julia Petrelluzzi (doctorante en droit et intelligence artificielle), Éric Bonnet ; intervenants sur les drones : Henri Seydoux (P.D.G. de Parrot, créateurs de drones), Michel Remize, Alexandre Cassart, Gérard de

Boisboissel (spécialiste militaire des drones et soldats augmentés au CREC Saint-Cyr)).

Les questions se sont essentiellement concentrées sur l'importance du droit... Il est souvent appliqué à la fin du processus d'innovation (le juridique permet de réguler et contraindre...). Au début, la technologie était simple et fonctionnelle, maintenant elle est très complexe (algorithmes, intelligence artificielle, Machine Learning, évolution des actionneurs et capteurs...). Il y aura des solutions juridiques, mais ce sont les assurances qui, en cas d'accident, auront des primes à verser ! Les recherches scientifiques et juridiques sont complémentaires et doivent continuer positivement leur chemin.

– Conférence 2 (16 h 20 – 17 h 20) : **Intelligence artificielle et régulation des agents intelligents** (Intervenants : Louise Guerre, Ghislaine Chartron, Bernard Lamon, Christiane Féral-Schuhl).

Il ne faut pas confondre IA (AI en anglais) et AI (Agents Intelligents) en français qui sont des logiciels mis au point pour remplir une fonction précise. Le débat a gravité essentiellement autour de la responsabilité et du cadre juridique (bientôt les voitures intelligentes...) qui doit se construire fortement (passage de la CNIL au RGDP : il faut responsabiliser tous les acteurs impliqués...). En conclusion, il ne faut pas que les algorithmes prennent le contrôle de notre vie : c'est un énorme enjeu d'éducation auquel l'Éducation nationale devra apporter sa contribution (j'y reviendrai : chapitre XII).

Puis, la *keynote* de maître Alain Bensoussan a clôturé cette excellente manifestation, suivie d'un cocktail permettant des rencontres très intéressantes.

Remarques

- À l'approche des fêtes de Noël, les enfants (et ados) seront nombreux à désirer des jouets high-tech (intelligence artificielle) : drones, robots, ou autres produits connectés. Ils peuvent représenter un risque pour la protection des données personnelles. Attention aux espions domestiques : la **CNIL** a alerté sur ce motif et a, par exemple, pointé du doigt le robot i-Que et la poupée Cayla. Ils seraient capables d'enregistrer une conversation privée et de la restituer. Quelques précautions s'imposent :

– vérifier que le produit ne permet pas à n'importe qui de s'y connecter (wi-fi, Bluetooth...) et qu'il nécessite d'appuyer physiquement sur un bouton pour l'associer sans fil à un Smartphone...

– éteindre complètement le jouet lorsque l'on ne s'en sert plus et vérifier qu'un voyant s'allume lorsqu'il est connecté ;

– enfin, en dire le moins possible au moment de l'inscription en ligne (achat, fonctionnement du jouet).

- Le mercredi 13 décembre 2017, la ministre de la Justice (Mme Nicole Belloubet) a dévoilé au Conseil des ministres son projet de loi sur la protection des données personnelles. Son but serait de moderniser la loi française qui date de

1978 et de l'adapter au nouveau droit européen qui devrait entrer en vigueur en mai 2018, pour les entreprises (RGDP). Son projet de loi vise à « mieux protéger » les mineurs de moins de 16 ans ! Actuellement, il y a de plus en plus d'enfants qui fréquentent Facebook ou autres réseaux sociaux (11-12 ans, même s'il faut au moins 13 ans pour s'inscrire). L'inscription ne pourrait se faire que si une autorisation parentale (pour les mineurs de moins de 16 ans) est effective : comment encadrer cette inscription (carte d'identité ?). Ce sera difficile... car il y a l'ordinateur familial qui peut être contrôlé, mais comment faire avec les Smartphones des amis ? Pour les ados, les réseaux sociaux sont incontournables ! Peu croient en ce projet du gouvernement, qui présente pourtant un certain intérêt.

VII
CYBERSÉCURITÉ, CYBERATTAQUE (CYBERMALVEILLANCE) ET CYBERRÉSILIENCE

▪ Un article, « Les métiers de la sécurité » (auteurs : Michel Harmant et Jean-Claude Huet), qui a été publié dans une revue de l'AFDET, Association française pour le développement de l'enseignement technique, téléchargeable sur leur site, est une excellente introduction à ce thème « très délicat ».

Remarque : ne pas confondre **sûreté** et **sécurité.** La **sûreté** évoque un dispositif essentiellement de protection physique, lié aussi au numérique des objets connectés (portes, verrous, alarmes, montagne, accidents routiers divers, centrales nucléaires... qui ont plus de jonctions avec la sécurité physique), alors que la **sécurité des personnes** sous-entend la prévention des événements accidentels et des actions de secours en retour des inconséquences. La **sécurité informatique (ou numérique)** repose essentiellement sur les algorithmes : big data, antivirus, cryptographie, contrôles d'accès...

▪ La **sécurité du numérique** (conférence de **Patrick Erard**, organisée conjointement par les inspections de mathématiques et de sciences de l'ingénieur au lycée Diderot, 75019 Paris, le 30 mai 2017) a été très bien « décortiquée » par ce spécialiste du pôle d'excellence **cyber** de Rennes. On peut consulter son site, « patrick erard thales », très bien documenté dans ce domaine très vaste (cyberdéfense, cyberattaque, cybersécurité...). Il fait l'objet d'un enseignement de très haut niveau (master) sur les campus rennais (IMT Atlantique et Centrale Supélec). La formation est assurée par d'excellents enseignants-chercheurs du département Réseaux, sécurité & multimédia et de l'équipe Sécurité des systèmes d'information & réseaux. Elle bénéficie du soutien de grands partenaires :

– **DGA MI** : Délégation générale de l'armement, maîtres de l'information – Bruz ;

– **OBS** Consulting & FT &L@bs : Orange business services – Rennes ;

– **ANSSI** : Agence nationale de la sécurité des systèmes d'information.

Les objectifs sont nombreux : stimuler la recherche, créer des cursus de formation bien adaptés et toujours en pleine mouvance... C'est un vrai problème de société : ces « *devices* » (anglicisme très fréquent en informatique qui désigne tous les appareils du numérique (Smartphone, tablette, clé USB...)) interpellent directement la **cybersécurité**. Quel réseau officiel dans les salons et conférences ? Quels services secrets se cachent derrière ? (Par exemple, ne jamais accepter une clé USB chinoise : elle est pleine de virus...).

Selon lui, voici la définition de quelques termes fondamentaux :

- **cybersécurité** : c'est avant, en amont...,
- **cyberdéfense** : cela concerne les trois armées (Terre, Air, Marine), avec de nombreux partenaires qui essaient d'élaborer des plans d'action en cas d'attaque,
- **cyberrésilience** : c'est après, elle concerne la gestion (et non l'élimination, ce qui n'est pas possible) des risques possibles. L'innovation est le centre de ce pôle (qui va concerner très rapidement les transformations digitales de nombreuses entreprises : e-management, e-learning : j'espère aborder ce thème plus profondément dans le futur tome III).

Il n'y a pas de « bagues d'or » pour ces protections : seul le développement de la technologie numérique assurera cette protection.

Selon lui, une attaque représente la concrétisation d'une menace qui s'appuie sur l'exploitation d'une vulnérabilité. La seule « parade » est d'installer le moins de logiciels possible sur le Cloud public (ou autre), de procéder régulièrement à des backups sûrs (à tester régulièrement) et de mettre à jour régulièrement l'antivirus, la box des jeux... Les cyberattaquants ont peu de moyens, mais sont a priori d'excellents bidouilleurs en informatique et exploitent toute faille pour pénétrer dans le réseau. Toute attaque devrait être déclarée à l'**ANSSI** (**A**gence **n**ationale de la **s**écurité des **s**ystèmes d'information) : c'est l'autorité nationale en matière de sécurité et de défense des systèmes d'information. Il existe également la **CNIL** (**C**ommission **n**ationale de l'**i**nformation et des **l**ibertés) qui légifère tout cela (c'est le régulateur des données personnelles, pour les professionnels et les particuliers). Maintenant, il est également possible de porter plainte en consultant le site gouvernemental CYBERMALVEILLANCE.GOUV.FR.

Remarques

– *La sécurité absolue n'existe pas et n'existera jamais ;*

– *Le monde des technologies numériques évolue plus vite que nos cerveaux ;*

– *Il faut prendre des précautions élémentaires quand on est sur Internet ;*

– *Attention au tout* **connecté** *(solution de facilité !) : il ne faut pas être que consommateur (pour être à la mode), mais il faut surtout être acteur (comprendre et voir ce qu'il y a derrière) ;*

– *La France est-elle en retard en matière de cybersécurité ? Le professeur (M. Frédéric Cuppens) à Télécom Bretagne (*Le Parisien *du 27 novembre 2016) indique que la prise de* *conscience est plutôt avancée. La création du pôle d'excellence cyber a permis de dynamiser cette filière. Ceci dit, il existe un monopole des Américains dans ce domaine de la cybersécurité (ils ont plus de moyens, et ont promulgué en mars 2018 une nouvelle réglementation appelée le « Cloud Act ». Cette loi sécuritaire américaine inquiète beaucoup les autorités, les entreprises et les citoyens de l'UE. Elle concerne tous « contenus de données informatiques », localisés à l'intérieur ou à l'extérieur des Etats-Unis (à consulter sur Internet pour avoir plus d'informations)). Les grands groupes industriels prennent le problème au sérieux, mais les TPE-PME avancent plus lentement (compétence de leurs responsables informatiques, décalage entre les grandes villes et zones rurales comme en médecine...) ;*

– Le e-commerce bouscule le marché (achats de biens et services en ligne, mais ce n'est pas sans risque... pour réaliser des économies ?) : Cdiscount (leader français de l'e-commerce) a été récemment épinglé par la CNIL pour des « manquements graves » à la protection des données personnelles. Plusieurs milliers de cartes bancaires, avec cryptogramme à l'accès non sécurisé (FAIRE TRÈS ATTENTION À CELA), étaient conservées en clair : cela peut entraîner des coordonnées conservées (et retransmises) pendant des années et des cookies se nichant dans l'ordinateur pendant 30 ans. Donc il faut redoubler de vigilance lors du streaming tous azimuts ;

*– Personnellement, j'ai subi un piratage de boîte mail (vers le 14 juillet 2017). Les mails sont redirigés vers un serveur... Il faut changer impérativement de mot de passe, mais ce n'est pas suffisant : par diverses opérations informatiques, il faut supprimer cette adresse frauduleuse de serveur et bien vérifier que « **REDIRECTION ANNULÉE** » s'affiche ;*

– La menace sera de plus en plus sévère (les voitures intelligentes, dans un proche avenir ?). Ces pirates sont jeunes, aguerris à l'informatique de façon très pragmatique (ce sont des loups solitaires, un peu comme certains terroristes djihadistes), et très intéressés par l'argent.

Pour illustrer cela, j'aimerais évoquer (résumé d'articles de journaux) cette **cyberattaque** qui a frappé de nombreuses entreprises et PME (à partir du 12 mai 2017), lors de laquelle plusieurs milliers d'ordinateurs, dans le monde entier, ont été infectés par un nouveau « ransomware » (épidémie WannaCry). De nombreux experts l'ont rapidement identifié (version améliorée du virus Petya).

Elle s'est déroulée en sept étapes.

– **1** Mi-avril, une faille dans les systèmes d'exploitation Windows est divulguée dans des documents piratés de l'agence de sécurité américaine NSA ;

– **2** Des pirates (exploitant cette faille) envoient des millions de courriels avec, en pièce jointe, un virus de type rançongiciel ;

– **3** L'infection se produit si l'internaute ouvre la pièce jointe ;

– **4** La machine infectée contamine alors tous les ordinateurs connectés en réseau ;

– **5** Une fois l'ensemble du réseau infecté, le logiciel malveillant chiffre tous les fichiers (sur disques durs, clés USB…) pour les rendre inutilisables ;

– **6** Un message apparaît sur l'écran avec une demande de rançon ;

– **7** Si l'utilisateur accepte le chantage (à éviter) il doit payer en Bitcoins (monnaie virtuelle anonyme), soit environ 300 $ par ordinateur sous 3 jours, sinon la rançon double. Si l'utilisateur ne paie pas, ses données sont effacées au bout de 7 jours. Sinon, l'utilisateur peut choisir de ne pas payer : mais il doit reformater son disque dur et récupérer ses données s'il a réalisé une sauvegarde (backups « mis à jour régulièrement, et testés).

L'écran d'ordinateur devient soudain noir, avec un message répété à l'infini :

« Si vous voulez récupérer tous vos fichiers, vous devez payer. »

Surtout pas, bien sûr : qui sont ces pirates ? Des chercheurs en cybersécurité ont essayé d'identifier les auteurs. C'est une mission quai impossible. Deux pistes semblent privilégiées : gouvernement russe ou régime nord-coréen ? Des chercheurs britanniques et américains semblent avoir découvert un moyen très simple d'empêcher le virus de faire ses ravages : créer un fichier nommé « perfc » dans le répertoire Windows. Et en cas d'infection, il ne faut surtout pas rallumer l'ordinateur : c'est au redémarrage que le virus chiffre le disque dur. Les pirates ont visé les systèmes bancaires, des ministères, des entreprises. Le parquet de Paris a ouvert, dès vendredi, une enquête confiée à l'Office central de lutte contre la criminalité liée aux technologies de l'information et de la communication (OCLCTIC) de la police judiciaire. Ces cybercriminels n'auraient récupéré qu'environ 30 000 euros en deux jours, ce qui est un bien maigre butin. À l'avenir, avec les voitures connectées, ces impacts pourraient avoir des conséquences graves sur la vie humaine... mais le pôle d'excellence **cyber** (M. P. Erard) devrait résoudre ces problèmes. Ce logiciel de ransomware, ou rançongiciel, semble avoir été identifié (**WannaCry** par l'ANSSI) et réclame de l'argent pour débloquer les données infectées. Les PME sont particulièrement démunies : 90 %de ces sociétés n'ont aucun outil pour lutter contre cela (peu d'informaticiens, sauvegardes souvent non réalisées...). Quelques conseils simples sont à prendre pour éviter d'être infecté : toujours installer les dernières mises à jour de l'antivirus (tous les jours !), être très vigilant dans les courriels (n'ouvrir que ceux qui semblent non douteux), faire régulièrement une sauvegarde des données importantes sur clé USB ou disque dur externe. Même Renault Nissan (usine de Douai) a subi cette cyberattaque WannaCry, paralysant de nombreux sites qui ont été isolés les uns des autres afin d'empêcher toute propagation. Un mois et demi après WannaCry, vers le 28 juin 2017, une nouvelle cyberattaque a frappé des sociétés européennes, américaines et russes. Elle a entraîné de nombreux dysfonctionnements (aéroport de Kiev, panne d'ordinateurs à la centrale nucléaire de Tchernobyl, terminaux de paiement mis hors service dans onze magasins ukrainiens d'Auchan). Ce virus informatique, d'abord virulent dans les pays de l'Est (Petwrap ou NotPetya), s'est ensuite propagé rapidement dans les autres pays (Europe, USA).

Le secrétaire d'État au numérique (M. Mounir Mahjoubi) a demandé au parquet de Paris d'ouvrir une enquête de flagrance pour « accès et maintien frauduleux dans des systèmes de traitement automatisé des données » et « entraves au fonctionnement de ces systèmes : extorsions et tentatives d'extorsions ». Le verrier Saint-Gobain a été fortement attaqué et la SNCF affirme avoir subi des tentatives d'intrusion.

Il y a aussi la **cybercriminalité** : le gouvernement a un site générique consultable (cybermalveillance.gouv.fr). Les malwares sont des programmes malveillants essayant d'infecter un ordinateur ou un appareil mobile (Smartphone, tablette...), via Internet ou les courriels. Les pirates informatiques utilisent ces logiciels pour extraire des informations personnelles (s'approprier une boîte mail ou des mots de passe, prélever de l'argent si des coordonnées bancaires ont été interceptées sur des sites peu sécurisés ou empêcher les responsables d'entreprise d'accéder à leur appareil...). Sur Internet, il y a aussi des individus « arnaqueurs » rachetant des jeux vidéo pour les revendre.

Enfin, il y a la **cyberguerre** ! La société israélienne privée CyberGym à Hadera (50 km de Tel-Aviv) se prépare à cette guerre numérique aux dégâts bien réels. Le virus **Petya**, évoqué précédemment, a rappelé la vulnérabilité des systèmes informatiques du monde entier. C'est un combat difficile (comme à la boxe où l'on se lance dans un match sans ne jamais être sûr de gagner). Se former à la guerre informatique a certainement un grand coût, mais tous les gouvernements doivent s'en préoccuper : c'est un défi majeur de toutes les démocraties ! Benyamin Netanyahou parle même de **cybernation**.

Orange propose maintenant des services pour prévenir les attaques informatiques, voire les réparer. Leur action s'articule autour de 3 thèmes majeurs : la surveillance, la construction d'un système de protection et éventuellement le déploiement d'équipes pour restaurer les systèmes endommagés. En général, leurs équipes de cyberdéfense (qui seront bientôt renforcées) contrent 4 à 5 cyberattaques avérées par jour. Ce formidable outil de communication **Internet** (grand domaine de liberté et d'acquisition de connaissances) nécessite de plus en plus de contrôles et vigilance.

Ces attaques informatiques mondiales prennent de l'ampleur (dégâts financiers considérables). **L'ANSSI** (en collaboration avec le ministère de l'Intérieur, des Finances, de la Justice et du secrétariat d'État chargé du Numérique) vient de créer un site « **cybermalveillance.gouv.fr** » pour contrecarrer ces problèmes fréquents.

L'évolution des algorithmes et des objets connectés s'accélère. La jurisprudence est en retard, notre identité est ouverte à tous sur les réseaux sociaux et Internet en général. Le risque digital risque-t-il de devenir aussi « important » que le risque incendie ?

Certaines zones cybergéopolitiques semblent plus sensibles que d'autres :

– Le Brésil est très spécialisé dans le malware bancaire ;

– Les pays de l'Est ont une bonne capacité « informatique » à digitaliser frauduleusement ;

– La Corée du Nord est une réelle puissance cyber. Cela deviendrait-il une nouvelle arme de dissuasion planétaire ?

Questions (et réponses de l'auteur) :

– La révolution numérique peut-elle être un progrès ? (Oui, certainement, si elle est utilisée précautionneusement).

– L'être humain est-il un esclave du numérique ? (Cela dépend du comportement et de son degré d'addiction).

– Est-il possible de travailler mieux et de travailler autrement ? (Oui, probablement, mais il faut de grandes transformations de la société. C'est un grand chantier difficile à mettre en œuvre).

– Peut-on enseigner différemment dans un monde qui bouge ? (Oui, probablement, en utilisant judicieusement et sans excès le numérique).

– Peut-on faire de la politique autrement ? (Oui, probablement, grâce au numérique).

Ce sont certains thèmes de conférences qui ont été abordés aux journées de Strasbourg les 03 et 4 mars 2017 (**Le Progrès est-il d'actualité** ?), avec d'excellents intervenants : Nicolas Bouzou (économiste), Alain Bensoussan (avocat à la cour d'appel de Paris, spécialisé en droit des technologies avancées), Carole Barjon (rédactrice en chef de politique intérieure au sein de *L'Obs*), Edgar Morin (sociologue et philosophe de renommée internationale).

▪ Additif : les **cryptograhie et cryptoanalyse « post-quantiques** »

D'après « La lettre de France Culture » reçue le 26 octobre 2017, il est précisé qu'une doctorante en première année de l'ENS de Paris (Mélissa Rossi) déclare :

« Il semble impossible d'imaginer un futur sans protections cryptographiques. Pourtant, la cryptographie actuelle est menacée par l'arrivée prochaine des **ordinateurs quantiques.** »

(Ils sont succinctement évoqués dans la première édition *de l'ouvrage* La révolution numérique de demain, *pages 42-43. Ces ordinateurs reposent sur des principes physiques différents des ordinateurs actuels qui raisonnent de façon binaire (la physique quantique est très difficile à comprendre).* Les avancées dans la recherche semblent s'accorder sur leur arrivée proche. La menace vient du fait qu'un ordinateur quantique pourrait être utilisé pour retrouver des données secrètes en quelques heures, alors que cela prendrait des milliers d'années à un ordinateur classique. La sécurité informatique actuelle ne résisterait peut-être pas à la puissance des ordinateurs quantiques. D'où l'arrivée de cette cryptographie post-quantique ayant une importance stratégique (européenne et internationale).

L'IA et la cryptographie semblent bien adaptées à ces nouveaux types d'ordinateurs. D'ailleurs, IBM s'intéresse fortement à ce phénomène, en mode « cloud » (expérience IBM Q). Ce géant informatique espère mettre en place un processeur de 50 qubits et concevoir un ordinateur quantique universel ! Dotée de cette gigantesque puissance de calcul infini, l'informatique quantique combinée à l'IA pourrait permettre d'ouvrir de nouvelles perspectives.

Les robots progresseront très vite, avec l'IA qui sera dopée par l'informatique quantique. Pourraient-ils, à terme, nous dépasser ? Je ne le pense pas : le cerveau humain est très complexe et ces deux parties (conscient, inconscient) sont d'une telle complexité à reproduire, que pour l'instant, l'IA n'en est pas capable : ce thème sera amplement développé dans le tome III.

Après ce chapitre sur les **cyberdifficultés** liées au monde numérique (États « pirates », hackers...) nécessitant plus que jamais une **cybervigilance** (c'est une sorte de course permanente !), j'aimerais changer de thème pour parler du **cyberspatial** dans le chapitre suivant (qu'il ne faut pas confondre avec **cyberespace**, désignant le monde virtuel des réseaux informatiques, dont Internet...). Après plus de six mois dans la Station spatiale internationale (ISS), Thomas Pesquet et son collègue russe (Oleg Novitski) se sont posés le vendredi 2 juin 2017, vers 16 h 09, au Kazakhstan.

VIII
LE CYBERSPATIAL
(EXPLOITS DE L'ASTRONAUTE FRANÇAIS THOMAS PESQUET, LE PROJET « MARS », LE TOURISME SPATIAL ET UN PETIT QUIZ D'ASTRONOMIE)

Je dois introduire un nouveau mot, « **cyberspatial** », (néologisme de forme) pour faire la transition avec le chapitre précédent ! « **Cyberespace** » (*cyberspace* en anglais) existe déjà et ne conviendrait pas. Ce terme désigne, d'après le Petit Robert, un ensemble de données numérisées constituant un univers d'information et un milieu de communication. Il serait l'espace numérique qui mène à l'information. Finalement, ces deux termes pourraient convenir, mais je préfère le premir qui décrit mieux tout le travail prodigieux réalisé par le spationaute Thomas Pesquet.

▪ Les exploits de Thomas Pesquet

Il devait monter à bord de la capsule russe Soyouz, avec l'Américaine Peggy Whiston et le Russe Oleg Novitski.

Cette fusée a décollé le 17 novembre 2016 à 21 h 20 du site de lancement près de Baïkonour (Kazakhstan). Ses principales caractéristiques sont les suivantes : hauteur de 50 m, masse au décollage de 310 tonnes, poussée au décollage de 4 150 kN (kiloNewton) et 1 000 tonnes de carburant. Plusieurs moteurs équipent les différents étages : par exemple, ceux du premier étage fonctionnent avec un mélange de kérosène (carburant) et de l'oxygène à l'état liquide (comburant qui provoque la combustion). Les étapes de lancement ont nécessité 5 phases récapitulées ci-dessous :

-1 : décollage de Soyouz, qui est debout (verticale), à l'heure prévue ;

-2 : séparation des propulseurs du 1er étage (1,58 min après le décollage, à l'altitude 41,5 km) ;

-3 : largage de la tour de sauvegarde et de la coiffe (2,38 min, 85 km) ;

-4 : séparation du 2e étage et allumage des moteurs du 3e étage (4,48 min, 176 km),

- 5 : séparation du 3e étage et de la capsule où se trouve l'équipage (8,48 min, 208 km) qui va arriver en orbite basse. Il faudra ensuite 2 jours où elle devra réaliser 34 orbites autour de la Terre pour rattraper l'ISS et se caler sur la même vitesse afin de s'y arrimer.

Rappel :

L'ISS (International Space Station, ou Station Spatiale Internationale) est le fruit d'une collaboration entre quinze pays (les États-Unis, la Russie, le Japon, le Canada et onze pays européens). Sa construction fut lancée en novembre 2018 et a atteint sa configuration quasi finale en juillet 2011.

Cette capsule ne représente qu'environ 5 % (en masse) de la fusée initiale, les 95 % restants sont brûlés (carburant) ou désintégrés dans l'atmosphère. Le but de cette mission était de procéder à de nombreuses expériences scientifiques et médicales. Je retiens le plus significatif : expérience de mécanique des fluides sur la dynamique du magma terrestre, test d'un casque ultra-performant de réalité virtuelle qui analysera les réactions de son cerveau en apesanteur, déperdition de la masse musculaire, échographies à distance pour étudier le vieillissement des artères dans l'espace.

Son atterrissage a eu lieu à 16 h 09 (comme prévu) dans la steppe kazakhe : l'astronaute est accueilli par son médecin et son « ingénieur support » qui l'avaient déjà suivi dans le centre d'entraînement. Son retour sur Terre fut un périple qui a duré un peu plus de 3 heures. En voici les principales étapes :

- 1 : à 12 h 47, le vaisseau spatial Soyouz (avec, à son bord, Thomas Pesquet et son collègue russe) quitte l'ISS où les moteurs furent brièvement allumés pour s'éloigner de la station,

- 2 : deux heures plus tard, Soyouz active ses propulseurs pour quitter son orbite (désorbitage) et engager sa descente vers la Terre. Ce changement de trajectoire est complètement automatisé (ordinateurs et algorithmes de l'I.A.), mais l'équipage peut prendre les commandes en cas d'urgence,

- 3 : trente minutes avant l'atterrissage (à 140 km d'altitude de la Terre), Soyouz se sépare en 3 parties : le module orbital et celui d'équipement qui vont se désintégrer ; puis le module de descente (avec l'équipage). Au contact de l'atmosphère, l'extérieur de la capsule [protégée par un bouclier thermique] atteint 2 000 °C et la communication avec la Terre est interrompue,

- 4 : à 10,5 km du sol terrestre, la capsule déclenche ses parachutes, passant ainsi de 28 000 km/h à une vitesse de 800 km/h. À 8,5 km d'altitude, la grande voile de 1 000 m^2 se déploie pour la ralentir à 22 km/h et le bouclier thermique est alors largué. Pour amortir l'impact, les 6 rétrofusées s'allument à 70 cm du sol et la capsule se pose à environ 5 km/h, au Kazakhstan. La mission est accomplie avec succès, mais ce n'est pas fini pour l'astronaute. Il va devoir se réhabituer à la vie sur Terre (et surtout réapprendre à supporter la pesanteur [ce gros élastique qui retient tout au sol...]). Il s'est beaucoup exprimé sur les réseaux sociaux et a transmis de très belles photos de la Terre (il a même créé son propre site).

Depuis son retour, il a subi de nombreux examens médicaux, puis devra rejoindre Houston (États-Unis) pour participer à d'autres expériences scientifiques... Ensuite, cet astronaute de 39 ans a déclaré qu'il espérait bien voler une seconde fois, en dépassant l'orbite terrestre et aller sur **MARS**. Ce sera l'aventure spatiale du XXIe siècle.

▪ Projet « Mars »

À ce jour, cette planète rouge reste inaccessible pour l'homme (financements insuffisants, lanceurs pas encore au point). Quand cela sera-t-il possible ? Il faut parcourir environ 75 millions de km au minimum, quand les orbites terrestres et martiennes sont les plus proches. Les supputations de dates prévoient l'horizon 2042 : Thomas Pesquet aura alors 64 ans, il sera probablement trop âgé pour pouvoir réaliser une telle mission. Par contre, il peut espérer s'envoler avec les Chinois, à bord d'une nouvelle station en cours d'élaboration, ou refaire une mission avec l'ISS.

Depuis 2011, la NASA développe un nouveau lanceur (SLS : *Space Launch System*) qui pourrait atteindre Mars en 8 mois environ. Mais ce projet « Orion » fait l'objet d'obstacles budgétaires et scientifiques. Les principales difficultés techniques résident dans la nouvelle conception des logiciels pour le lanceur et l'amélioration du bouclier thermique. Le premier lancement est prévu en 2018 (sans équipage) et la deuxième mission (avec des astronautes à bord) en 2021 sera probablement retardée. Ces astronautes risqueraient d'être soumis à des rayons cosmiques nocifs et aux effets prolongés de l'apesanteur plutôt délétères pour le corps humain.

L'idéal serait de raccourcir le voyage : une solution pourrait consister à allier 3 types de moteurs (ionique[6], électrique et thermique).

Des chercheurs américains et russes (misant plus sur le nucléaire) travaillent sur la mise au point de nouveaux moteurs ultra-puissants qui pourraient permettre d'atteindre la Planète rouge en quarante jours, grâce à ces moteurs ioniques, hybride ou nucléaire. L'avenir reste incertain, mais de multiples possibilités sont en cours d'études pour réaliser ce vieux rêve : un aller-retour rapide sur Mars (Thomas Pesquet pourra-t-il en profiter ?).

Un module européen, Schiaparelli, (atterrisseur expérimental) développé par l'ESA [Agence spatiale européenne] a été lancé le 16 octobre 2016 par une fusée russe. Au total, 17 tentatives d'atterrissage sur Mars ont déjà été réalisées depuis 1971 : seules 7 d'entre elles (celles de la NASA) ont réussi.

L'objectif de ces essais est de tester le bouclier de protection et le parachute avec leurs rétrofusées. Hélas, trois jours après sa séparation de la sonde, l'engin a heurté le sol martien en faisant une chute libre de plus de trois km et s'est fracassé sur le sol à 540 km/h. Ce crash permettra de faire évoluer les recherches concernant la prochaine mission franco-russe « ExoMars 2020 ». Cette nouvelle expédition prévoit d'envoyer un robot mobile

---

6 Moteur ionique : le principe de ce moteur repose sur l'injection d'une source électrique dans un gaz afin de former un plasma (4e état de la matière).

chargé de forer le sol martien pour tenter d'y trouver des preuves de traces « de vie passée ».

▪ Tourisme spatial

C'est une activité récente englobant des expériences ou vols à sensations fortes, permettant à des personnes fortunées de flirter avec l'apesanteur. Le 28 avril 2001, le premier touriste californien de l'espace s'envolait pour une semaine autour de la Terre à bord de la mission Soyouz TM-32 en ayant payé la somme de 20 millions de dollars. C'était probablement un moyen de renflouer les caisses de l'agence spatiale russe ! Depuis, quelques autres touristes, passionnés ou avides de sensations fortes, ont réalisé ce voyage orbital terrestre pour des sommes équivalentes. Mais cette fièvre spatiale est vite retombée. Maintenant, de nombreuses sociétés (publiques et privées) proposent l'envoi d'engins spatiaux pour 250 000 mille dollars : Virgin Galactic, les fusées SpaceX de Tesla et le lanceur New Shepard d'Amazon. De nombreux projets sont en cours de préparation :

- deux prochains touristes effectueront leur vol autour de la Lune à la fin de l'année 2018 à bord de SpaceX (société d'Elon Musk, inventeur de la voiture électrique Tesla). Ils devraient décoller du centre spatial Kennedy, en Floride, et supporteront une accélération de 3g (trois fois l'accélération de la pesanteur) lors de l'envol de la nouvelle fusée Falcon 9. Puis, la capsule Dragon 2 les emmènera sur la Lune. C'est une croisière sidérale qui laisse de nombreuses personnes scientifiques perplexes, excepté si l'on prend en compte l'appât du gain.

- des taxis spatiaux pour astronautes et touristes vers l'ISS ;

- des vols à partir d'un avion hypersonique à deux places ;

- un ascenseur spatial dont le lancement serait prévu en 2050 (le projet est étudié par la société japonaise Obayashi qui ambitionne d'utiliser des câbles en nanocarbone) ;

- d'autres projets existent sur le papier et verront peut-être le jour...

Passer ses vacances dans l'espace fait toujours rêver de nombreuses personnes, mais à quel prix ? L'ESA (Agence spatiale européenne) prépare un projet de village sur la Lune à l'horizon 2030. Ce serait une base humaine permanente qui pourrait succéder à l'ISS (Station spatiale internationale) dont la fin de vie est prévue vers 2030. Depuis 1 an, des chercheurs de l'ESA se concentrent sur ce projet qu'ils considèrent comme non utopique. Un lanceur propulserait un module qui ferait alunir une structure gonflable habitable. Un dôme construit en impression 3D (à partir de poussière lunaire agglomérée) protégerait les astronautes et les touristes des rayons cosmiques, des pluies de micrométéorites et des températures extrêmes variant de 125 °C le jour à -150 °C la nuit. Ce *Moon Village* serait alimenté en énergie par des panneaux solaires. La base utiliserait des métaux minéraux et de l'eau sous forme de glace issus de la Lune. De plus, cela pourrait être un tremplin pour réaliser des missions vers les astéroïdes et de futurs vols vers Mars : la Lune deviendrait une base intermédiaire de l'espace. Ce projet intéresse de nombreux opérateurs, car le sous-sol est riche en titane et platine (sociétés de robotique et de télécommunications, pionniers du tourisme spatial...). Il n'est pas douteux que les ambitions concurrentes (États-Unis, Russie, Chine...) seront forcément présentes sur ce marché ! Démarrer la construction de ce futur village lunaire en 2019 serait un symbole fort pour l'année du cinquantième anniversaire des premiers pas de l'homme sur la Lune.

Le cinéma a réalisé récemment deux films consacrés à l'ISS :

- ***A Beautiful Planet*** à la Géode (durée 47 minutes). À bord de la station, on voit vivre les astronautes qui subissent d'énormes contraintes (exiguïté du vaisseau spatial, accoutumance à l'apesanteur...) mais ils sont récompensés par les superbes vues de la Terre qu'ils peuvent avoir (notamment celles prises à travers la lucarne multipans de la station qui offre une vision génialement panoramique à 180°, comme l'écran sphérique de la Géode). L'immensité de l'espace s'offre à eux : cela doit être fascinant !

- ***Life : Origine inconnue,*** film de science-fiction américain de Daniel Espinosa. C'est un film qui aurait pu s'intituler « Terreur en apesanteur » et qui raconte l'histoire de 6 astronautes, à bord de l'ISS, qui interceptent un résidu « mollusque » provenant de Mars. Bientôt, cet être indestructible s'attaque aux cosmonautes de la station. Il recèle des traces de vie (toutes démenties par les expéditions spatiales précédentes) et semble être un échantillon très intelligent (forme polymorphe se développant à toute allure). Si cette créature rejoint la Terre, elle sera peut-être menaçante et cela préoccupe beaucoup l'équipage. C'est un bon divertissement sur le spatial, terrifiant et crédible, tourné dans des conditions très proches du réel (pour simuler l'apesanteur, les acteurs ont été filmés suspendus par des câbles et l'ISS a été reconstituée en studio).

▪ **Petit quiz** d'astronomie :

1 : À bord de la Station spatiale internationale (ISS), Thomas Pesquet a réalisé de nombreux tours orbitaux autour de la Terre lors de sa mission. À l'équateur, il faut environ une longueur de 40 000 km pour accomplir le tour de la Terre de rayon R = 6 371 km. Mais à 400 km d'altitude (en considérant des hypothèses très simplifiées où la Terre est considérée comme parfaitement sphérique et l'orbite de l'ISS parfaitement circulaire), c'est plus long qu'au sol. De combien ?

A : Environ 400 km
B : Environ 1 250 km
C : Environ 2 500 km

2 : Toujours avec les mêmes hypothèses simplificatrices, l'ISS parcourt un trajet circulaire de

46 280 km autour de la Terre. À quelle altitude se situe-t-elle ?

A : Environ 1 000 km
B : Environ 400 km
C : Environ 3 000 km

3 : L'orbite géostationnaire est réellement circulaire autour de la Terre (en majeure partie occupée par des satellites de télécommunications). À quelle altitude se situe-t-elle ?

A : 15 786 km
B : 35 786 km
C : 55 786 km

4 : On sait depuis longtemps que l'orbite elliptique de la Terre autour du Soleil est un mouvement périodique dont la période de révolution correspond à une année sidérale (environ 365 jours). La représentation du mouvement de la Terre a fait l'objet historiquement de plusieurs modèles. De quel modèle dérive ce mouvement orbital ?

A : L'Almageste
B : Le géocentrisme
C : L'héliocentrisme

5 : À quelle altitude la Station spatiale internationale vole-t-elle ?

A : 400 km environ
B : 1 000 km environ
C : 40 000 km environ

6 : Quelle est la première condition pour qu'une planète soit « habitable » ?

A : La présence d'eau liquide
B : Une atmosphère riche en oxygène
C : L'alternance du jour et de la nuit

7 : Combien de fois l'homme est-il allé sur Mars ?

A : Une fois
B : Deux fois
C : Jamais

8 : Où va se coucher le Soleil ?
A : Derrière la Lune
B : Derrière Mars
C : Nulle part

Les résultats sont donnés à la page suivante.

RÉPONSES :

1 : C La longueur d'un cercle à l'équateur (de rayon R) vaut 2*pi*R = 40 009,9 km. À 400 km de plus, il faudra parcourir une longueur supplémentaire de 2*pi*400 = 2 512 km,

2 : A Toujours avec les mêmes hypothèses très simplificatrices : (à l'envers), 2*pi*R +2¨*pi*1 000 = 40 000 + 6 280 km,

3 : B C'est beaucoup plus difficile (mais très enseigné en sciences physiques, à partir du lycée) : ce calcul provient de plusieurs lois classiques (2e loi de Newton : F = m.a [m : masse, a : accélération en mouvement uniforme sur une trajectoire circulaire] et la loi de gravitation universelle (1re loi de Newton : $F_{A/B} = F_{B/A}$ *forces en N* = $G.M_A.M_B/d^2$ où G est la constante de gravitation universelle $6{,}67.10^{-11}$ en unité SI, M_A et M_B les masses des deux corps A et B alignés et d leur distance)).

4 : C Ces modèles ont évolué au cours des siècles : l'Almageste est le système établi par Ptolémée qui a subsisté pendant quatorze siècles, le géocentrisme est un modèle physique intermédiaire (Aristote et Ptolémée) selon lequel la Terre se trouve au centre de l'Univers, l'héliocentrisme est le modèle qui s'y est opposé (Copernic), ayant prouvé que le Soleil est au centre de l'Univers et que la Terre tourne autour du Soleil (d'où les quatre saisons... « de Vivaldi » !).

5 : A Déjà dit dans le texte : il faut savoir que la station chute naturellement de 50 à 100 m par jour, mais elle est régulièrement remise en orbite par les vaisseaux qui accostent.

6 : A L'eau est indispensable pour toute réaction biochimique nécessaire à la vie.

7 : C Pour l'instant.

8 : C C'est la Terre (et nous, avec) qui tourne autour du Soleil.

IX
DES INNOVATIONS JUDICIEUSES, DES OBJETS CONNECTÉS IN (GADGETS), DE GRANDS INVENTEURS ET INNOVATEURS DANS LE DOMAINE DES TRANSPORTS (DONT L'AUTOMOBILE)

L'innovation, particulièrement développée dans le numérique maintenant, est très féconde et s'implante dans de nombreux domaines (médical, biologique, scientifique, militaire, artistique, sécuritaire...).

Pour innover maintenant dans le monde digital, il faut sortir des sentiers habituels, avoir de l'imagination et de la créativité. D'ailleurs, ces deux verbes se ressemblent :

- **innover** : introduire de la nouveauté dans quelque chose qui existe déjà, changer, inventer ;

- **inventer** : découvrir, trouver, imaginer, concevoir quelque chose qui n'existe pas.

La différence est mince, mais il est certainement plus facile, de nos jours, d'innover que d'inventer... et cela peut être entremêlé. L'innovation peut revêtir de nombreux aspects. J'ai volontairement opté pour un découpage de ce chapitre en deux parties.

▪ Les innovations judicieuses qui ont retenu mon attention

Cette liste est non exhaustive :

1 : Dans le domaine médical, de nombreux chercheurs se mobilisent pour doter les paraplégiques d'une certaine capacité de mouvement. Parmi les exploits réalisés récemment :

• une jeune Britannique de 32 ans a pu remarcher (3 km par jour) grâce à des jambes **bioniques**[7]. Celles-ci sont motorisées et munies de nombreux capteurs reliés à un ordinateur embarqué.

• un Irlandais de 39 ans, paralysé des membres inférieurs depuis 2012, parvient à enchaîner seul 3 200 pas, sans assistance humaine, avec l'aide d'une combinaison **exosquelette**[8] intelligente.

---

7 **bioniques** : mélange de technologies « électroniques et automatiques », s'inspirant de certains processus biologiques observés chez les êtres vivants.

8 **exosquelette** : c'est une espèce d'armure externe, artificielle, autour du corps humain (numérisée...) qui concrétise, entre autres, la réalisation de l'homme **réparé**. Il existe aussi, par opposition, un **endosquelette**, naturel et interne au corps, que possèdent les métazoaires (animaux multicellulaires) et les protozoaires (unicellulaires). Ces exosquelettes ne sont pas pour l'instant très satisfaisants

Cette combinaison envoie des stimuli au niveau de la colonne vertébrale, un ordinateur recueille alors les efforts musculaires et aide à les amplifier. Le paralysé peut ainsi retrouver un certain contrôle de ses jambes.

• un jeune Américain de 24 ans est le premier quadriplégique (jambes et bras paralysés) au monde à pouvoir utiliser l'énergie électrique de son cerveau. Il a un implant pour améliorer et contrôler les mouvements de ses membres. Une « puce électronique », implantée dans la zone cérébrale, permet de visualiser sa marche accompagnée d'infirmiers et de traiter numériquement le signal électrique renvoyé vers un bracelet contenant des électrodes. Ainsi, il a pu réutiliser ses mains (mouvoir ses doigts, tenir un téléphone portable près de l'oreille...).

• une Française atteinte d'une lombalgie chronique, hospitalisée au CHU de Lille, a testé un exosquelette particulier. C'est une double ceinture comportant quatre petits moteurs (électriques) et des capteurs qui étirent, délicatement et sans douleur, sa colonne vertébrale. C'est une innovation très prometteuse pour soulager le mal au dos dont souffre une grande partie de la population. D'ailleurs, les forces spéciales de l'armée américaine semblent très intéressées par ce produit qui pourrait équiper certains de leurs soldats, pilotes d'hélicoptères et parachutistes soumis naturellement à ces maux.

(gros et lourds), mais des études de miniaturisation sont en cours. Ils sont également utilisés (autre technologie) dans le domaine du cinéma.

• une start-up française, **Wandercraft**, fondée en 2012, a conçu récemment un exosquelette autonome (structure robotique dotée de 12 moteurs électriques et d'un cerveau électronique qui envoie 12 000 instructions à la seconde…) qui permettrait de refaire marcher des personnes en fauteuil roulant. Des tests prometteurs ont été réalisés, mais le prototype doit être homologué par les organismes de certification prévus par les autorités de santé française. Le patron de cette entreprise innovatrice espère obtenir l'accord de mise sur le marché en 2018, afin de le commercialiser (il pourrait, à terme, ne pas coûter plus cher qu'une voiture…). Il envisage de recruter des profils très pointus afin d'améliorer ce produit (juristes, ingénieurs, informaticiens sachant créer des algorithmes de marche).

Remarques : j'ai parlé de l'homme **augmenté** à la fin du chapitre I sur la réalité augmentée (page 7). Chez l'être humain, l'**augmentation** ne me semble pas être la priorité pour l'instant, mais plutôt la **réparation** (guérison des cancers, amélioration de la motricité des paralysés). Et les chirurgiens n'ont rien à se reprocher et font tout leur possible pour sauver le plus de vies possibles. Les implants cérébraux (plutôt développés aux États-Unis pour l'instant) suscitent la fascination de certaines entreprises (ARM, Elon MUSK) qui espèrent des innovations lucratives sur des projets très futuristes, mais qui attirent aussi la perplexité de certains experts. Le but de ces implants cérébraux serait de transformer l'homme en **cyborg**[9].

---

9 **cyborg** : contraction de l'anglais *cybernetic organism*, en français :

2 : une **tablette** (ou **liseuse électronique**) peut aider les dyslexiques (5 % des élèves au total) à mieux appréhender la lecture. Une société d'édition numérique toulousaine (Mediatools) commercialise une application très intéressante (Appidys).

3 : un **robot de téléprésence mobile** (développé par une société lyonnaise, Awabot, et très utilisé aux États-Unis) permet à une étudiante (1re année de licence à l'Université de Paris-Créteil), ayant eu une rupture des ligaments (cheville bandée), de suivre les cours à domicile comme si elle était présente à l'université. Le robot se déplace, zoome sur les équations écrites au tableau par le professeur... : c'est un véritable confort, mais qui a l'inconvénient (pour l'instant) de n'être dédié qu'à un très petit nombre d'étudiants. Cette innovation mérite d'être prolongée.

4 : un échographe (de masse légère : 800 grammes) peut équiper la mallette d'un généraliste du réseau SOS Médecins. Cette innovation d'une entreprise d'Ivry-sur-Seine (Sonoscanner) couvre de nombreux domaines de la médecine (cardiologie, gynécologie, médecine générale...) et permet directement de détecter des complications graves, évitant parfois une hospitalisation inutile. De plus, cela ouvre la voie à la télémédecine de demain.

---

organisme cybernétique, évoquant un être vivant intelligent qui reçoit des implants cérébraux ou des greffes sur des cobayes... La **cybernétique** (voir page 78 du 1er ouvrage) a été inventée par Norbert Wiener et est à l'origine de l'intelligence artificielle. Cela s'inscrit dans une vision **transhumaniste** (pages 53/54 du 1er ouvrage) qui attise la mobilisation d'un certain nombre de sponsors.

Cette société a surveillé la santé de Thomas Pesquet dans l'espace, à bord de la SSI. C'est un retour d'expérience intéressant sur le plan économique (103 praticiens/11 000 en sont équipés et le taux d'hospitalisation a diminué de 6 %). Mais cet appareil coûte assez cher (18 000 euros, pour l'instant) et n'imprime pas de facture : cette barrière sera probablement bientôt levée.

5 : un vélo (de loisirs) à assistance électrique solaire (le Sun Travel) se recharge avec l'intensité des rayons solaires. Il tracte une petite remorque, qui comporte au-dessus un panneau solaire (capteur qui convertit la lumière en énergie électrique) possédant plusieurs dimensions possibles [80 cm*100 cm en version basique] et, en dessous, une batterie pour alimenter le moteur d'assistance pouvant cohabiter avec des bagages. À titre d'exemple, le panneau solaire basique développe une puissance de 100 watts permettant de générer une énergie électrique de 500 Wh (Wattheure) pour recharger la batterie du vélo. Attention à ne pas mélanger les unités de puissance et d'énergie (ou de travail). Globalement, une puissance (grandeur instantanée) est une énergie (grandeur qui couvre un certain laps de temps) divisée par un temps, ainsi 1 watt = 1 Joule/1 s d'où 1 Ws (Wattseconde) = 1 J (Joule) donc 1 Wh = 3 600 J. Il existe d'autres sociétés proposant des kits solaires, légers et puissants, couvrant le secteur des vélos à assistance électrique et pouvant équiper des bicyclettes classiques. On aimerait que Paris soit Amsterdam, la capitale des vélos, à condition que les cyclistes soient disciplinés... ce qui n'est pas toujours le cas dans la capitale française. Les embouteillages coûtent très cher à notre pays (enjeu de santé publique [pollution, stress], manque d'adaptabilité de certains automobilistes qui pourraient prendre les transports en commun ou faire du covoiturage). Une nouvelle loi d'orientation sur les mobilités est en débat au parlement (dans les grandes villes : les trottinettes électriques, vélos .... en libre service « anarchique » nécessitent une réglementation).

6 : une innovation, plus ancienne mais qui ne peut être passée sous silence est le **chatbot**[10] : c'est un robot qui parle. Elle est issue de l'intelligence artificielle et consiste en un logiciel automatisé permettant tout dialogue avec n'importe quel être humain. C'est un agent conversationnel (robot de conversation artificielle) très utilisé par la SNCF ou les aéroports ou Orange. Ce robot puise ses réponses dans une base de données en analysant des mots-clés, des formulations de phrases codées. L'une des premières machines à conver-

---

10 **chatbot**[11] : mot provenant d'une contraction de « **chat** » (discuter en anglais) et de « ro**bot** ». Ce n'est pas un outil nouveau (2004 : les « chatbots **scriptés** »). Il existe de nouveaux « chatbots **apprenants** », donc intelligents... en cours de développement. C'est une technologie ayant plein d'atouts en téléphonie et informatique (utilisation de la puissance du **Cloud**, facilitation de la digitalisation pour le e-commerce...).
Cloud : ce mot anglais signifie « nuage ». En informatique, le **Cloud computing**, *ou informatique dématérialisée* permet d'utiliser des ressources de stockage que l'on ne possède pas. Elles sont stockées sur des ordinateurs sécurisés qu'offrent la plupart des grands opérateurs d'Internet. Par exemple, on peut regarder (et stocker sur son ordinateur) des photos ou vidéos numériques, très gourmandes en capacité de stockage. Ce terme a déjà été défini, en page 169, dans la 1re édition.

ser fut inventée par le génial **Alan** Turing dans les années 1950 (mathématicien et cryptologue britannique né en 1912, auteur de nombreux travaux célèbres en informatique (Test, Machine « papier » de Turing...)). Ces « chatbots » n'en sont pour l'instant qu'au début de leur développement et les recherches en « reconnaissance vocale » devraient permettre d'améliorer ces logiciels robots. Il suffit de répondre rationnellement à leurs questions, sans aucune émotion ou sensibilité !

7 : le **robot Wiigo** est un compagnon intelligent (grâce à l'Intelligence Artificielle) qui aide à porter des courses (charge inférieure à 20 kg) à l'intention des personnes âgées. Cette innovation (développée par une start-up portugaise) est judicieuse et offre une vraie valeur ajoutée aux personnes handicapées ou femmes enceintes. Le robot enregistre la silhouette de son utilisateur et se déplace à courte distance dans les rayons des supermarchés. Puis, il suit son « maître » à 4 km/h, en restant derrière : il suffit alors de mettre les marchandises apportées dans le cabas. S'il perd sa trace, il bipe ! C'est un robot ludique (qui évite les obstacles) et utile, facile à paramétrer et utiliser. Pour l'instant, cette innovation a un coût très élevé, mais la production en série (réalisation en de nombreux exemplaires) impliquera une énorme réduction des prix.

8 : des **robots** et des **drones** pour optimiser certaines pratiques agricoles. Un agriculteur (ingénieur agronome de formation) teste directement des innovations développées et soutenues par la chambre d'agriculture de la Somme (ferme

agroécologique). **Voici un exemple concret** : un drone survole des champs de culture afin de détecter le manque d'azote. En moins de deux jours, une préconisation d'apport azoté est envoyée (téléchargeable dans le GPS du tracteur intelligent qui commande l'épandeur d'engrais avec la bonne dose calculée à déverser). Cela évitera de trop polluer la nappe phréatique déjà mise à mal par le manque de pluviosité. L'avantage de ces « méthodes numériques » est aussi écologique : les rendements sont ponctuellement améliorés, impliquant un minimum d'impact sur l'environnement. Beaucoup d'agriculteurs utilisent des produits nocifs, sans dosage très étudié, uniquement pour augmenter au maximum leur production.

En restant toujours dans le domaine de l'agriculture, un robot dénommé **Oz** (espèce de petit tracteur intelligent mis au point par une start-up toulousaine [Naïo Technologies]) désherbe mécaniquement sans aucune utilisation de pesticides dans les cultures. C'est un avantage « considérable » pour l'écologie. Électrique et autonome, cet appareil programmable s'inscrit dans l'économie circulaire et diminue la pénibilité du travail. Cet objet « désherbeur bineur » a déjà été vendu à une quarantaine d'exemplaires (22 000 euros). Cette société a aussi développé d'autres robots agricoles (pour les salades et les vignes) permettant de gagner du temps tout en remédiant à une main-d'œuvre « peu qualifiée » difficile à trouver maintenant. Ces robots ou drones « agricoles » sont en forte expansion et il n'est pas nécessaire d'être un informaticien chevronné pour les utiliser. C'est très intuitif (paramétrage sur Smartphone du plan de vol, de l'altitude, de la zone à couvrir et du périmètre d'atterrissage). Un « **agridrone** » est très facile à utiliser, il suffit d'allumer le petit moteur électrique et de lancer le drone face au vent. Le GPS assurera toute la suite des opérations. Par exemple (pour les champs de blé, colza...), quatre capteurs photographiques (développés par l'INRA) évaluent la colorimétrie des plants survolés et restitueront une carte définissant, au cm près, la nécessité de mettre de l'engrais ou non. Ce fichier sera intégré au GPS du tracteur pour le prochain traitement. Avec ce dispositif, le rendement semble être amélioré de 10 % et les apports azotés vont diminuer de 10 à 20 % selon l'étendue des parcelles.

9 : complément sur les robots et les drones

Les innovations principales, et celles qui seront développées ultérieurement, sont très nombreuses dans ce domaine. La jurisprudence, en robotique, est quasi inexistante, mais le vol des drones est réglementé (loi de 2012 et la législation évolue constamment : le survol des aéroports, centrales nucléaires, bases militaires, voies ferrées... est prohibé). Les robots et les drones, utilisés « pacifiquement », peuvent rendre de grands services dans de nombreux secteurs déjà décrits précédemment (et il y en a aura bien d'autres).

Par contre, il existe des dangers dans le développement de ces technologies à forte valeur ajoutée de l'IA (intelligence artificielle) que sont, par exemple, les **robots ou drones « tueurs »**. Ils ont déjà été utilisés par certains pays (dont les États-Unis pour l'assassinat de Ben Laden et d'autres grands chefs terroristes djihadistes). Une question hante certains philosophes : une troisième guerre mondiale pourrait-elle être déclenchée par des robots intelligents qui seraient directement impliqués en première ligne ? Récemment (août 2017), de célèbres responsables d'entreprises de robotique et d'intelligence artificielle ont écrit une lettre ouverte aux Nations Unies afin d'attirer l'attention sur les dangers du développement incontrôlé de ces armes **autonomes intelligentes**. À l'origine de cette initiative figurent **Elon Musk** (Tesla et SpaceX), **Mustafa Suleyman** (fondateur de la société d'IA DeepMind, détenue par Google). Cette initiative est arrivée bien à propos, lors de la Conférence internationale conjointe sur l'intelligence artificielle (UCAI) qui a rassemblé plus de 2 000 experts à Melbourne le 21 août 2017.

D'autres questions légitimes se posent également :

– le développement d'une super intelligence artificielle « complète » sur le plan militaire pourrait-il mettre fin à la « dissuasion militaire » et à la race humaine dans certaines régions du globe terrestre (droit international) ? C'est à l'opposé du transhumanisme qui se propose de faire vivre l'être humain le plus longtemps possible ;

– le temps de latence du législateur étant long, de nombreux pays pourraient développer des prototypes d'armes autonomes (exemple : bombe à hydrogène déjà expérimentée par la Corée du Sud). Il ne faudrait pas laisser s'ouvrir cette boîte de Pandore qui est toujours difficile à refermer (utilisation de ces armes par certains pays non démocratiques à des fins dictatoriales ou terroristes).

Ma réponse (optimiste) : les algorithmes de l'I.A., même très évolués, sont écrits par des humains et les machines ne pourront que reproduire des réponses automatisées prévues par ces logiciels. L'être humain sera toujours essentiel dans la chaîne de décision !

▪ Des objets connectés, sans grand intérêt, sont en augmentation constante et sont souvent des gadgets « à faible valeur ajoutée ». Ce secteur est très dynamique et met en avant une avalanche de produits diversifiés qui n'aident pas les consommateurs à réfléchir, mais plutôt à accentuer leur degré de « fainéantise » et « d'intoxication numérique moderniste ». Certaines de ces innovations existent déjà, d'autres seront bientôt en rayon (salon IFA, qui a fermé ses portes le 6 septembre 2017 à Berlin).

Cette liste est non exhaustive :

1 : un réfrigérateur Samsung Family Hub muni de trois caméras prend un cliché du contenu à chaque fermeture de porte. Il est ainsi possible de visualiser ce contenu sur l'écran de son Smartphone (ou tablette) lors de ses achats, afin d'acheter les produits qui manquent (cela évite de faire un récapitulatif sur papier avant les achats ou de mémoriser !) ;

2 : les vêtements considérés comme « intelligents » (cravate, jean... « connectés ») qui permettent de scanner le code-barres et d'envoyer directement une carte de visite virtuelle grâce à un Smartphone ;

3 : une ceinture minceur Belty qui devrait s'adapter en temps réel à la circonférence de la personne qui l'utilisera. Elle se serrera (ou desserrera), selon sa taille et les positions adoptées (debout, assise) et sera vibrante pour inciter à boire davantage d'eau en cas de nécessité (régime alimentaire, prise de poids...) ;

4 : un grille-pain qui twitte (encore faut-il être abonné au réseau Twitter !). Il permet de griller des toasts en imprimant dessus ce que l'on veut (dessins, météo...) et envoie directement le message twitté dès la cuisson atteinte ;

5 : une innovation, d'une grande loufoquerie, qui risque cependant d'avoir beaucoup de succès concerne un préservatif « intelligent », probablement pour les spécialistes du sexe ! Connecté en Bluetooth sur un Smartphone, il enregistre une grande quantité de performances sexuelles (rythme des mouvements pendant le rapport, le nombre de calories dépensées ou le nombre de positions pratiquées...), tout cela pouvant être partagé en ligne ! Fort heureusement, notre marquis raffiné ou Casanova n'avaient pas besoin de cela pour accomplir leurs grands exploits.

6 : d'autres exemples sont en cours d'étude :

- réfrigérateur qui se déplace tout seul pour s'approcher de son utilisateur handicapé, lui permettant ainsi de se servir. Ensuite, grâce à ses capteurs de distance qui scannent la cuisine en 3D, il retournera à son emplacement d'origine ;
- un robot ménager qui coupe l'herbe ou repasse dans une maison complètement connectée...,
- un robot jouet adorable, voire séduisant, pour tenir compagnie (comme un chat ou un chiot) et feindre de nombreuses émotions numérisées (I.A) ;
- etc.

J'aimerais revenir à des choses beaucoup plus sérieuses, au temps où la technologie était beaucoup moins avancée, mais qui ont permis de faire des pas gigantesques favorisant les développements d'aujourd'hui. Certains inventeurs et innovateurs du siècle précédent en sont les artisans, mais je me limiterai au domaine des transports qui concernera le sous-chapitre suivant. Seules, les inventions peuvent être brevetées. Pour qu'elles le soient, elles doivent réunir certains critères :

- être absolument nouvelles, donc ne relever d'aucun brevet antérieur,
- présenter un certain caractère de développement industriel (faisabilité).

Ce brevet d'invention protège l'inventeur au moins pendant trois ans et permet ensuite d'accorder une autorisation à un exploitant qui serait intéressé.

▪ De grands inventeurs et innovateurs dans les transports (dont l'automobile)

Les inventions (extraordinaires et géniales) sont plus difficiles à créer maintenant, mais les innovations (amélioration d'une invention) beaucoup plus faciles grâce au progrès technologique (dont le numérique). Je présente, dans ce chapitre, une liste incomplète de grands inventeurs, essentiellement en **motorisation** thermique et électrique, qui ont révolutionné les siècles précédents. On s'aperçoit qu'une invention permet d'en réaliser une autre, chronologiquement, avec des apports techniques supplémentaires liés aux moments de l'évolution technologique. Il en est de même des innovations évoquées précédemment.

• **Léonard de Vinci :** né en 1452 (en Italie, près de Florence), c'est le grand précurseur, entre autres, des transports aériens. Ses inventions géniales et dessinées à la main (bien avant que la technologie les crée) furent inspirées par de grands savants toscans. Son plus grand rêve porta sur le secret du vol dans l'air, ce qui lui permit d'esquisser des plans d'hélicoptère, de parachute et de machines de guerre. Ce fut aussi un excellent peintre (« **La Joconde** »). En 1515, il répondit aux appels de François Ier et s'installa en Touraine (au château d'Amboise (Indre-et-Loire) où il mourut). Remarque : il a pensé à l'hélicoptère, mais ne pouvait imaginer les drones (ce qui est normal, compte tenu de l'inexistence de l'informatique et de l'intelligence artificielle à ce moment là !).

• **Blaise Pascal :** né en 1623 (à Clermont), il est très connu pour son ouvrage littéraire *Les Pensées*. Il fut également philosophe, mathématicien, physicien et inventeur. Ses principales découvertes furent :

– la ***Pascaline*** (la première calculatrice mécanique) ;

– le théorème des ***probabilités*** (précurseur de la roulette et des martingales...) ;

– la loi de Pascal en ***hydraulique*** (baromètre, presse hydraulique, seringue...) qui institua l'unité S.I. de pression (le **pascal** [1 Pa = 1 N/m^2]. Cette unité de pression normalisée (le Pascal) n'est pas à confondre avec le bar (unité très utilisée en météorologie). Elle représente la pression atmosphérique moyenne à la surface de la mer et équivaut, approximativement, à 10^5 ou 100 000 Pa.

• **Denis Papin :** né en 1647 (à Chitenay, près de Blois, en Loir et Cher), il est l'inventeur de la machine à vapeur (un cylindre avec un piston alternatif mû par la vapeur). Cela fit penser au premier moteur à combustion externe, et donna lieu à l'invention du « Digesteur », la fameuse cocotte-minute qui, grâce à sa soupape de sûreté, évite l'explosion. Par contre, ses essais de prototypes sur les sous-marins ne furent pas concluants.

Son infortune suivra avec la construction d'un bateau à vapeur (avec roue à aubes). L'unité de puissance « cheval-vapeur », qui n'appartient pas au système international d'unités S.I., montre bien la transition entre l'animal et la machine. Cette unité exprime la puissance fournie par un cheval de trait tirant une charge (référence antérieure de puissance des attelages, avant la propulsion mécanique) et celle fournie par une machine à vapeur. La conversion est **1 ch**[11] = 735,5 W (watts : unité S.I. de puissance).

Le cheval-vapeur français (avant 1901, année de la 3e conférence générale des poids et mesures qui institua le watt comme unité de puissance) était défini ainsi : il valait 75 $kg.ms^{-1}$. Cela représentait la puissance nécessaire pour soulever verticalement une masse de 75 kg en 1 seconde sur une hauteur de 1 mètre. La conversion est alors facile à réaliser : 1 ch = 75 kg*1 m/1 s = 75 $kg.ms^{-1}$. Attention à la confusion fréquente entre la masse et le poids : le poids (grandeur vectorielle, dont le module est en N) vaut P = M.g où M est la masse (grandeur scalaire, en kg) et g l'accélération de la pesanteur (grandeur vectorielle d'intensité 9,81 ms^{-2}, à la surface de la terre). D'où la conversion : 1 ch = 735,5 N*1ms^{-1} = 735,5 W.

Il avait, probablement, ouvert la voie à l'inven-

---

11 1 **ch** : détail sur ce problème des conversions d'unités qui était un véritable souci pour les étudiants ! D'abord, il ne faut pas confondre le **ch** (cheval vapeur) et le **CV** (cheval fiscal, unité administrative utilisée pour l'établissement des cartes grises en automobile et qui tient compte de la puissance du moteur).

tion du moteur à piston alternatif en automobile (mouvement de translation, vapeur remplacée par un mélange carburé (essence ou diesel), avec des soupapes d'admission et d'échappement). Pourtant, d'autres inventeurs déposèrent, plus tard, des brevets de moteurs rotatifs [première édition, page 186], sans succès. Il fut également à l'origine de l'invention de la locomotive à vapeur au XIXe siècle... Maintenant, la plupart des trains (TGV) sont tractés par une motorisation électrique.

• **Alessandro Volta** : né en 1745 (à Côme, en Italie), il inventa la **pile** électrique (faite de disques d'argent et de zinc, à l'époque). Grâce à cette grande découverte, nous utilisons aujourd'hui des milliers de piles (différentes, grâce aux innovations) dans de nombreux objets du quotidien (montres, téléphones portables...). Bien sûr, on donna son nom à l'unité S.I. de tension (le **volt**). Mais le domaine actuellement le plus convoité concerne les véhicules électriques qui ne polluent pas « en circulation » (mais il faut tenir compte de la fabrication et de la recharge des batteries), la durée de vie d'une **batterie** est encore trop faible et nécessite un rechargement (bornes électriques) fréquent après un certain nombre de kilomètres. La recherche porte ses fruits (Tesla essentiellement) et les choses s'améliorent énormément. Le passage du moteur thermique au moteur électrique (et après, ce sera la voiture intelligente) se présente sous les meilleurs auspices pour les prochaines années.

Question : quelle différence y a-t-il entre une pile

et une batterie ? Elles sont toutes les deux des convertisseurs d'énergie chimique en énergie électrique, qui diffèrent **fondamentalement** par leur **réversibilité**.

– une **pile** électrique est **irréversible**, a priori (non rechargeable) ;

– une **batterie** est un accumulateur d'énergie **réversible** (plusieurs recharges sont possibles pour les réutiliser). C'est en 1860 que le français **Gaston Planté** (1834-1889) construit la première pile rechargeable, qui en fait est un accumulateur. Mais les récentes innovations en électronique portable permettent difficilement de faire maintenant ces différences. En général, les piles (lithium ion) sont adaptées aux usages domestiques de faible puissance et sont rechargeables. Par contre, les batteries (beaucoup plus volumineuses) exigent des puissances beaucoup plus élevées.

Cette conversion d'énergie chimique en énergie électrique, grâce à une réaction d'oxydoréduction, est évoquée dans la première édition de cet ouvrage, en page 108.

• **Alphonse Eugène Beau (dit « Beau de Rochas ») :** né en 1815 (à Digne-les-Bains), il déposa en 1862 un brevet sur le cycle théorique thermodynamique d'un moteur à combustion interne (4 temps : admission, compression, combustion et détente, échappement). Ce cycle est toujours à la base des moteurs thermiques d'aujourd'hui et comporte 2 courbes « adiabatiques » pour la compression et la détente des gaz dans le cylindre. Ces cycles thermodynamiques se représentent bien graphiquement dans le diagramme (pV : pression, Volume) de **Clapeyron** (ingénieur, physicien français [1799-1864]). Les diagrammes réels permettent de mettre en évidence les quatre étapes de fonctionnement d'un moteur thermique, en tenant compte des soupapes d'admission et d'échappement.

• **Robert Stirling** (1790-1878) est l'inventeur écossais (brevet déposé en 1816) d'un moteur à combustion externe. Son cycle théorique est très différent de celui d'un moteur à combustion interne. Le cycle de Stirling, très innovateur, comporte seulement 2 isothermes et 2 isochores (voir cours de « thermodynamique », dans le diagramme de Clapeyron). Ce moteur, en automobile, n'a pas eu le développement escompté, pour différentes raisons :

- présence d'une source externe d'énergie,
- étanchéité difficile des pistons,
- transferts thermiques délicats,
- coût élevé.

• Étienne Lenoir : né en 1822 (à Mussy-la-Ville, en Belgique), il mit au point en 1860 puis commercialisa, à Paris, son moteur (2 temps, combustion interne) où il pensa à injecter, dans le cylindre, du gaz de ville mélangé à de l'air qui était mis à feu par une bougie électrique. Puis, l'arbre moteur (ou vilebrequin) tourna... cahin-caha. Ce moteur détrôna progressivement la machine à vapeur.

• **Nikolaus August Otto :** né en 1832 (à Holzhausen, en Allemagne), il fut l'inventeur du premier moteur à gaz d'éclairage qui concurrençait la vapeur (4 temps, combustion interne). Il fut récompensé à l'Exposition universelle de Paris en 1867. Puis les ingénieurs se retroussèrent les manches pour augmenter la puissance de ce moteur. Leur audace a consisté à l'augmentation du volume unitaire du cylindre ou à la multiplication de leur nombre, parfois les deux à la fois (en ligne, en V, en étoile), et à l'amélioration des gaz de combustion : mélange d'air et de carburant, sous forme de gouttelettes (essence ou diesel).

• **Rudolf Diesel :** né en 1858 (à Paris), il déposa un brevet révolutionnaire d'un moteur dont la haute pression, en fin de compression, serait suffisamment élevée pour que l'allumage (ou la combustion) se fasse sans bougies, grâce à une pompe à injection et s'effectue spontanément. Ce fut l'invention du moteur diesel (4 temps, combustion interne, à injection), *a priori* beaucoup plus polluant au début (mais moins cher) que le moteur à essence. Ce qui a été constaté tardivement : Airparif (organisme de contrôle de la qualité de l'air en Île-de-France, créé en 1979). Cet inventeur disparut mystérieusement (en 1913) à bord d'un paquebot : son corps fut retrouvé en mer. De nombreuses hypothèses proliférèrent : suicide [il était au bord de la faillite], assassinat. Le défi de la lutte antipollution des années 2015 remet de plus en plus en cause l'utilisation de ce moteur thermique. Paris et la Métropole du Grand Paris pourraient bien interdire, en 2019, la circulation des véhicules diesel immatriculés avant 2001.

Compléments

– Ces cinq précédents inventeurs furent les pionniers du moteur thermique qui a subi de nombreuses améliorations (innovations) au cours des années suivantes. Pour des raisons de combat antipollution essentiellement (lié aux gaz d'échappement, particules de CO_2), il semble atteindre son déclin ;

– Cependant, d'autres inventeurs ont apporté leurs lettres de noblesse à ces moteurs thermiques qui sont souvent encore très utilisés dans de nombreux types de transport.

1 : **Gottlieb Daimler** (né en 1834, en Allemagne, ancien directeur des ateliers d'**Otto**), il devint un grand spécialiste des moteurs à grande vitesse. En 1885, il construisit un moteur 2 temps équipant les vélocipèdes (motos), un bateau puis un tramway (Exposition universelle de Brême en 1888). Il poursuivit ses travaux brevetés (moteur à 4 et 2 temps, en V) afin d'améliorer la vitesse du véhicule sur de longues distances. D'ailleurs, un Français (**René Panhard**) acheta la licence d'un de ses nouveaux moteurs (adopté par Peugeot peu après). La première voiture Panhard circula en 1891 et je me souviens très bien, dans les années 1960, de cette voiture (au bruit étonnant du moteur) que mon frère aîné avait achetée. Le moteur thermique semblait déjà promis à un bel avenir !

2 : **Wilhelm Maybach** (né en 1846, en Allemagne, ami de Gottlieb Daimler), il améliora techniquement le cycle à 4 temps de Beau de Rochas. En 1885, il construisit, avec un ami, la première moto du monde. En 1907 (après avoir construit la première Mercedes), il créa un moteur très performant Maybach et se lança dans la motorisation des dirigeables Zeppelin. En 1928, il conçut la première voiture de luxe allemande, avec un moteur V12 (douze cylindres répartis en V).

3 : **Richard Trevithick** (né en 1771, en Angleterre), il fut à l'origine de la machine à vapeur (haute pression) et du premier train tracté par une locomotive. Elle apparut en 1804 dans les Cornouailles. Un ingénieur français (**Nicolas Cugnot**) essaya de concevoir un véhicule automobile à vapeur, en 1769... sans grand succès. Finalement, le train émergea en France en 1829, grâce à la conjonction de deux inventions : celle de l'ingénieur français **Marc Seguin,** qui mit au point (en 1827) une chaudière tubulaire, puis celle de l'ingénieur anglais **Georges Stephenson** (en 1829) pour sa première locomotive.

4 : d'autres inventions/innovations s'empilèrent (surtout dans le domaine électrique : plus d'un siècle d'innovation !) :

– le Néerlandais **Sibrandus Stratingh** (né en 1785, à Adorp) a probablement inventé (entre autres) la première voiture à échelle réduite ;

– le Français **Gaston Planté** (né en 1839 à Orthez) fut l'inventeur de l'accumulateur électrique (batterie au plomb) ;

– le Belge **Camille Jenatzy** (né en 1868 à Schaerbeek) conduisit la voiture électrique « La Jamais Contente », en 1899 (en forme de torpille, aérodynamique), qui a été le premier véhicule de ce type à dépasser les 100 km/h.

– l'année 1900 a été l'âge d'or de la voiture électrique (États-Unis : une voiture sur trois, la France n'était pas en reste où les postiers parisiens circulaient en voiture électrique atteignant 15 km/h avec une autonomie de 50 km). En 2010, la France lança un vaste plan pour atteindre les deux millions de voitures hybrides et électriques d'ici 2020. La Poste, par exemple, utilise 250 Berlingo électriques. De nombreux constructeurs occidentaux relancent leurs recherches. Et on aboutit à la **ZOE**, première voiture électrique grand public de Renault.

– Les moteurs thermiques poursuivent également leurs innovations : la suspension hydraulique, en automobile, mise en application sur la DS [« déesse », de Citroën] et l'ID [« idée », version plus simple], en 1956. D'ailleurs, l'hydraulique Citroën s'étendit aussi à la direction, le freinage et la boîte de vitesses automatique ;

– le moteur diesel « common rail » : le plus connu est le HDI du groupe Peugeot. Tous les autres constructeurs ont eu leur dernière génération de diesel, diminuant la pollution (rejet de CO_2), sans résoudre le problème des particules fines rejetées (dont la concentration est très supérieure dans les tunnels de métro ou RER à celle relevée en surface). Ces moteurs sont équipés d'une pompe à injection rotative alimentant des injecteurs gérés « intelligemment » par une électrovanne et un calculateur numérique.

Mais un autre type de moteur (utilisé dans d'autres domaines que l'automobile), inventé parallèlement, risque maintenant de révolutionner les véhicules automobiles de demain : c'est le **moteur électrique** dont voici l'évolution.

• **Michael Faraday** : né en 1791 (près de Londres), il inventa le principe du premier moteur électrique. D'abord chimiste (l'intermède électrique en 1821, puis sa théorie sur l'électroyse[12] permit d'améliorer considérablement la première pile de « Volta »), il découvrit ensuite l'**induction électromagnétique** en 1831 (conversion de l'énergie électrique en énergie mécanique), ce qui lui permit d'être à l'origine des premières inventions théoriques concernant le moteur électrique, la dynamo et l'alternateur.

• Il aura fallu attendre l'année 1834 pour que l'Américain **Thomas Davenport** inventât « pratiquement » le premier moteur électrique (breveté en 1837), c'est-à-dire utilisable industriellement

12 électrolyse : processus de décomposition chimique (transfert d'ions) d'un électrolyte dans lequel sont plongées deux électrodes (anode, cathode) reliées aux bornes d'un générateur de courant continu. Les batteries (transformateurs d'énergie chimique en énergie électrique) des moteurs thermiques classiques utilisent, comme électrolyte, de l'acide sulfurique mélangé à de l'eau.

pour propulser les premières voitures. Mais ce moteur ne connut pas un grand développement industriel, en raison du coût très élevé des batteries à l'époque. C'est toujours un obstacle actuellement, mais je pense que la voiture électrique sera essentielle dans le futur de l'automobile (alimentation en électricité des actionneurs et capteurs nécessaires à la connectivité), avant la mise au point de la voiture intelligente. Le frein essentiel au développement du véhicule électrique était, et est encore aujourd'hui, lié aux performances des batteries (énergie massique faible par rapport à l'essence ou au diesel). Fort heureusement, l'invention qui suit permet d'envisager la motorisation électrique avec de bons atouts : absence de pollution atmosphérique locale lors de son utilisation, faible bruit acoustique et un bon rendement. Mais il subsiste cependant des inconvénients (masse élevée des batteries, faible autonomie et longue durée de recharge électrique) qui pourraient être levés progressivement par les recherches en cours.

• **Louis Armand** (professeur à l'Université de Picardie Jules Verne) mit au point en 1980 la batterie lithium-métal-polymère. Mais le manque de financement, de la part de la France qui ne croit pas à son invention (CNRS...), le conduit à s'adresser à l'Université de Montréal. Ses brevets ont fait beaucoup de chemin pour aboutir en Chine, qui est devenue la première productrice mondiale de batteries au lithium-phosphate-fer. Le marché de ces nouvelles batteries est actuellement partagé entre trois acteurs inégaux (au niveau de la production) :

– la Chine (90 %) ;

– les États-Unis (Tesla) ;

– la France (Vincent Bolloré, très marginalement). Autolib est le premier service de location courte durée des voitures 100 % électriques, en libre-service, sans retour obligé au point de départ. C'est une révolution dans nos modes de transports qui apporte liberté, souplesse et non-pollution atmosphérique. Autolib permet de louer ces voitures électriques dans les 82 communes de l'Île-de-France et utilise des batteries au lithium sous licence canadienne ;

– Il existe plusieurs types d'accumulateurs au lithium, au fil des innovations.

Ce chercheur du CNRS (retraité) enseigne encore à mi-temps au Pays basque.

Le **lithium** soulève une question : pourquoi révolutionne-t-il les piles et les batteries ?

C'est un métal alcalin (symbole **Li**), mou et léger, engendré à la naissance de l'univers (avec l'hélium et l'hydrogène). Son noyau naturel comporte 3 protons et 4 neutrons. Il possède deux isotopes classiques et stables (6 ou 7 neutrons). Quand un atome perd ou gagne un électron, il devient un **ion** (espèce chimique chargée électriquement) : une perte d'électrons correspond à un **cation** (charge +) et un gain d'électrons équivaut à un **anion** (charge -). Les ressources mondiales de lithium les plus importantes se trouvent essentiellement en Bolivie, au Chili, en Chine et aux États-Unis. Le lithium n'existe pas à l'état pur, mais on le trouve dans la nature sous forme de composés miniers. Il nécessite alors des transformations industrielles pour être obtenu à l'état métallique. Cette chaîne de transformation est à prendre en compte dans le bilan complet énergétique/écologique des voitures électriques propres, ce qui est souvent occulté.

Le principe de fonctionnement de ces batteries au Li est donc basé sur l'échange d'ions entre les électrodes (mouvement d'électrons). L'ion Li est considéré comme dur (il est très petit, sa charge est localisée : ce qui en fait sa prédilection pour les batteries **par échange d'ions**). Dans une batterie **lithium métal**, une des électrodes est constituée de Li métallique, par contre dans une batterie **lithium ion**, le Li reste à l'état **ionique**. Les batteries Li ion sont de petite taille et utilisées actuellement dans tous les appareils portables. Ces batteries pourraient être un enjeu considérable concernant les prochains véhicules électriques (charge très rapide, possibilité de longs trajets), mais d'autres recherches sur ces objets miraculeux sont toujours en cours.

Les moteurs électromagnétiques ont subi de grandes innovations quel qu'en soit le type : courant continu à collecteur, synchrone à rotor bobiné, synchrone à aimants permanents, asynchrone à cage d'écureuil ou synchrone à reluctance variable. Ils fonctionnent tous sur le même principe et sont constitués de deux éléments essentiels : le **stator** (partie fixe qui génère, grâce à des aimants permanents, un champ magnétique **inducteur**) et le **rotor** (partie tournante comportant un bobinage **induit**, qui est soumis à un couple électromagnétique). Il peut alors entraîner l'arbre d'un appareil, accouplé directement au rotor du moteur, à la même fréquence de rotation (nécessité d'un réducteur de vitesse si le rotor du récepteur a besoin d'un couple plus important). Les premiers prototypes de voitures électriques ont été inventés et améliorés entre 1834 et 1881 (grâce particulièrement à **Gustave Trouvé**, ingénieur électricien et inventeur français né en 1839, dans l'Indre-et-Loire). Ses inventions les plus originales furent le tricycle et le canot électrique.

Les **machines synchrones** (convertisseurs électromagnétiques réversibles) étaient autrefois utilisées quasi exclusivement en alternateurs. Mais le développement de l'électronique de puissance et la généralisation des aimants comme inducteur permettent aujourd'hui d'utiliser ces machines synchrones en tant que moteurs dans une large gamme de puissance ! Le **stator** est généralement l'induit (bobinage triphasé couplé en étoile, découpé en p paires de pôles : ces bobinages sont insérés dans les encoches au sein de la culasse en ferrite). De la même manière, l'inducteur est généralement le **rotor**. Selon la technologie utilisée, le champ magnétique est créé par des bobinages ou des aimants permanents. Lorsque l'inducteur est bobiné, il est nécessaire de conserver des balais afin de l'alimenter. Une machine synchrone « brushless », plus récente, (sans balais, donc à aimants permanents), présente de nombreux avantages :

- pas de pertes au rotor ;
- absence de bobinage et de balais au rotor ;
- rotor plus léger (intérêt pour les servomoteurs à faible inertie et très réactifs) ;
- induction plus importante pour les faibles dimensions.

Les aimants utilisés maintenant sont des ferrites (substances ferromagnétiques à faible induction mais bon marché ou des alliages samarium cobalt : (forte induction mais coûteux)).

Remarques

- Le synchronisme des champs magnétiques « induit et inducteur » impose une procédure spécifique de démarrage (de couplage au réseau en mode alternateur). En mode **moteur**, il ne peut démarrer directement à pleine tension à 50 Hz et un onduleur est souvent nécessaire. En mode **alternateur** (pour les machines à rotor bobiné essentiellement), il faut lancer le rotor à la vitesse de synchronisme en modulant le courant d'induction.

- Les constantes de temps électriques sont beaucoup plus faibles que les constantes de temps mécaniques. En pratique, le moteur synchrone ne peut fonctionner correctement qu'en étant

asservi afin de maintenir en permanence les champs statoriques et rotoriques « en phase ».

– Seul, un cours de sciences physiques permettra de bien comprendre ces phénomènes magnétiques très complexes.

Les alternateurs (machines synchrones génératrices) sont utilisés dans la production d'énergie électrique sous forme de courant alternatif (centrales nucléaires) ou dans des utilisations de moindre puissance plus courantes comme, par exemple, les voitures thermiques. Le moteur synchrone, qui présentait au tout début des difficultés d'adaptabilité en vitesse, est désormais d'utilisation très souple grâce aux interfaces de commandes électroniques de puissance qui lui permettent de fonctionner en vitesse variable. À l'heure actuelle, le moteur synchrone autopiloté, grâce à un dispositif électronique de commande, est l'un des moyens de traction les plus performants. Ce convertisseur électromagnétique comporte plusieurs bobinages (certains situés sur le **stator**, d'autres sur le **rotor**) réalisés dans un alliage à base de fer. Ces deux éléments (stator, rotor) sont séparés par un entrefer traversé par les lignes de champ magnétique générées par les courants des deux types de bobinage (les machines à pôles lisses ont un entrefer d'épaisseur faible et constante). Les circuits électriques (parcourus par un courant sinusoïdal de même pulsation) se décomposent en un circuit **inducteur** sur le **rotor** et deux circuits **induits** bobinés sur le **stator**.

Il existe d'autres types de moteurs électriques :

– le moteur **linéaire** (dont le principe vient **du rail de Laplace**). Ce type de moteur fut utilisé par l'ingénieur français **Jean Bertin**, né en 1917 dans l'Yonne. C'est le fabuleux inventeur du turbotrain (ou aérotrain) dans les années soixante. Il fut à la veille de révolutionner les transports en commun : les trains se déplaçaient sur coussin d'air, à une vitesse d'environ 400 km/h. Ils étaient guidés par un rail de béton défigurant un peu le paysage (les essais se firent dans la campagne orléanaise). Mais l'esthétique « discutable » de ces rails imposants et l'arrivée du TGV mirent un terme à cette invention géniale ;

– le moteur **pas à pas** transforme une impulsion électrique en mouvement angulaire. Il fut inventé par **Marius Lavet** (1936, ingénieur des arts et métiers) et permit une grande évolution dans l'industrie horlogère au début de l'invention. C'est un petit moteur de précision, très couramment utilisé maintenant dans les dispositifs nécessitant un contrôle de vitesse ou position angulaires en asservissement. Son domaine de prédilection est l'informatique (moteurs d'imprimantes, lecteurs CD, capteurs).

– la pile à combustible (PAC) qui permet directement de convertir de l'énergie chimique (oxydoréduction) en énergie électrique, chaleur et eau ! (Le principe de ce moteur a déjà été brièvement évoqué dans la 1ère édition en page 108).

Ce nouveau moteur a été inventé en 1839 par

William Grove (né le 11 juillet 1811 au Pays de Galles). Cet avocat était également un chimiste passionné, d'où sa contribution à cette grande découverte, facilitée par les travaux de son ami **Schönbein**. Cette invention intéressante mérite encore d'être explorée. Le cœur d'une PAC est constitué de trois éléments : deux électrodes et un électrolyte.

- La 1re électrode est l'**anode**, oxydante (donc émettrice d'électrons) ;

- la 2e électrode est la **cathode**, réductrice (donc collectrice d'électrons). Ces deux électrodes sont séparées par un électrolyte ;

- l'électrolyte permet de conduire directement (entre ces deux électrodes) les molécules **ionisées** (elles deviennent porteuses de charge électrique positive ou négative).

L'alimentation d'une PAC se fait par injection continue de combustible à l'anode (de l'hydrogène en général) et à la cathode (de l'oxygène en général ou l'air lui-même). Une énergie électrique **continue** est alors disponible aux bornes de la pile. Il existe plusieurs types de piles à combustible dépendant essentiellement de la nature de leur électrolyte (acide ou basique). Ces piles à combustible se différencient aussi par leurs caractéristiques (puissance électrique, température de fonctionnement, modes d'alimentation...) liées à leurs domaines d'application qui pourraient être les transports de l'après-demain. L'hydrogène serait alors **le carburant du futur** (trains, bus, voitures autonomes, aéronefs...). **Alstom** (géant français de l'industrie ferroviaire, associé à Siemens) vient de signer un accord avec la région allemande de Basse-Saxe pour la fourniture de 14 trains révolutionnaires à hydrogène qui circuleront sur des réseaux non électrifiés (**Coradia iLint** : vitesse maximale 140 km/h, autonomie 1 000 km, zéro émission polluante et silencieux). Ils transportent sur leur toit deux réservoirs pressurisés sous forme de gaz qui sert de combustible à la pile. Le moteur permet l'accélération ou le freinage, et l'énergie dissipée lors du freinage est récupérée puis redistribuée aux batteries. Voilà un excellent pas vers un système de mobilité propre. Mais il faut fabriquer l'hydrogène à partir de l'eau par électrolyse. Cette molécule d'eau doit être décomposée en oxygène et hydrogène (le carburant), et cela nécessite beaucoup d'énergie électrique (surtout pas de centrale au charbon pour la produire : le bilan serait catastrophique). D'ailleurs, il serait intéressant d'établir un bilan énergétique complet (du début à la fin de la chaîne de motorisation) pour comparer ces différents modes de transport routier (diesel, électrique, hydrogène). Cela permettrait de mieux faire accepter ce nouveau modèle de croissance (basé sur la transition écologique environnementale) que le gouvernement Macron tente de mettre en œuvre.

En décembre 2017, la France compte désormais sept stations de recharge destinées aux véhicules équipés de piles à combustible. Une nouvelle station (fruit d'un partenariat entre Air Liquide et la start-up Hype, née après la COP 21) a été inaugurée le 7 décembre 2017 par la ministre des Transports (Mme Elisabeth Borne) à Orly. Certains détracteurs de ce mode de transport mettent en avant que le bilan énergétique est particulièrement mauvais : 98 % de l'hydrogène utilisé en France serait produit à partir de ressources fossiles. Les constructeurs automobiles français semblent réticents, pour le moment... mais effectuent un grand travail de veille technologique (ils ont recruté un grand nombre d'ingénieurs de chez « Air Liquide »). Ils privilégient, pour l'instant, le 100 % électrique. Mais le rachat de l'allemand Opel par PSA pourrait rebattre les cartes : Air Liquide est le spécialiste mondial des gaz industriels (hydrogène, GPL [gaz de pétrole liquéfié]). La course à l'hydrogène est donc aussi lancée , mais il y a aussi le problème du coût !

La voiture à hydrogène présente, actuellement, les caractéristiques suivantes :

- la voiture ne rejette que de l'eau (H_2O), donc pas de pollution lors de son utilisation ;
- le réservoir (placé à l'arrière du véhicule) contient 5,64 kg de H_2 et doit résister à une très forte pression de 700 bars : les matériaux composites d'aujourd'hui sont très au point pour

supporter ces pressions (1 bar est notre pression atmosphérique de tous les jours) ;

– la station de recharge contient de l'hydrogène basse pression, stocké dans des bouteilles, puis il est compressé, refroidi et distribué dans le réservoir du véhicule (ce rechargement prend moins de 5 minutes) ;

puis la pile à combustible fait son miracle.

Remarques

– Il existe aussi des **actionneurs** (moteurs) **hydrauliques** (pour de fortes puissances utilisant un fluide incompressible [huile]) ou **pneumatiques** (pour petites puissances, avec fluide compressible [air]) permettant de recueillir un mouvement de translation ou de rotation (**vérins rotatifs**). Ces actionneurs (moteurs) n'ont jamais été utilisés en automobile. Stockage de la source d'énergie pour l'hydraulique et problème de puissance et de compressibilité du fluide pour le pneumatique !

– Je n'ai couvert qu'une partie de la motorisation (celle qui va me permettre d'évoquer de nouvelles motorisations dans les chapitres suivants « les villes propres et les voitures connectées »). Des secteurs entiers ne sont donc pas traités (aviation, ferroviaire, marine commerciale et militaire, spatial, drone légèrement abordés dans la 1ère édition…).

– Une approche innovante et intéressante (le **SeaBubble,** équipé de foils [voir pages 116 à 118 du premier ouvrage] et mus par deux petits moteurs électriques) provient du concepteur **Alain Thébault**, ayant une start-up en France. Cet engin volant sur l'eau a été testé récemment en début septembre 2017 à Genève sur le lac Léman. Ce rêve est devenu réalité, grâce à Éric Tabarly qui est à l'origine de l'hydroptère. C'est une solution écologique qui pourrait être utile dans les villes qui ont des fleuves et où les ponts (sources de nombreux bouchons) sont une grande source de pollution atmosphérique. Ce serait une excellente expérience à Paris, pour rejoindre la banlieue et vice-versa en peu de temps. Ce serait l'équivalent du Vaporetto vénitien non polluant. Ce taxi volant devait être testé sur la Seine, mais en vain. La Seine (3ème monument parisien le plus visité, après Notre-Dame et Le Louvre, par les touristes en Bateau-mouche) pourrait devenir une autoroute fluviale. Déjà, le transport des marchandises y a augmenté de 3,8 % en 2018. Le transport fluvial est plus écologique, comparé à ses concurrents (la route et le rail). Un convoi fluvial est l'équivalent, en tonnage, de 4 trains de fret ou de 220 camions ; même si pour l'instant, la plupart des bateaux utilisent encore des moteurs diesels. Par rapport à leur tonnage, l'empreinte carbone est bien meilleure que sur la route (4 à 5 fois moins de CO2 et 2 à 3 fois moins de particules émises par tonne transportée). De plus, les nuisances sont moindres (bruit, congestion). Des projets d'entrepôts géants, propulsés à l'électrique et au biogaz, sont en cours d'études. VNF (Voies

Navigables de France) investit actuellement beaucoup dans ce secteur (matériaux livrés par bateaux) en prévision de la construction du Grand Paris Express et des futurs chantiers du village olympique des JO 2024 ! Par contre, le projet des taxis flottants (SeaBubbles et autres) en reste au point mort pour l'instant.

– Je pense que bientôt, il existera des camions, navires et avions électriques (ou propulsés grâce aux énergies renouvelables). Ces moyens de transport polluent énormément (beaucoup plus que les voitures thermiques), mais les solutions écologiques ont peu de réponses pour l'instant, excepté les taxes sur le carbone et le transport fluvial.

– La course à l'innovation, dans cette nouvelle ère numérique, est lancée. De plus, la lutte contre le réchauffement climatique s'intensifie. Après la **COP 21** (évoquée dans la première édition, pages 205 à 212), il y a eu la **COP 22** l'année dernière au Maroc (passée sous silence : les pays réunis devaient entériner les règles d'application sur le climat, conclues l'année dernière à Paris). Puis la **COP 23** s'est ouverte à Bonn (Allemagne) le 5 novembre 2017. Pour la première fois, c'est un petit pays insulaire (les îles Fidji) qui tint la présidence de cette conférence onusienne (sans les États-Unis qui se sont retirés de l'ONU et qui n'appliqueront pas les règles de la COP 21 !). En matière d'écologie climatique, la priorité absolue est la **décarbonation** (supprimer toutes les centrales au charbon, interdire les véhicules trop polluants et favoriser les véhicules plus propres...). D'ailleurs, en 2040, il ne sera plus possible d'acheter un véhicule diesel, en France. La mobilité urbaine (prochain chapitre) sera de plus en plus consommatrice d'énergie électrique. Pour éviter que cette électricité soit produite par des hydrocarbonés, il n'y a pas d'autres choix que de conserver le nucléaire jusqu'en 2030-2035, tant que les énergies renouvelables ne seront pas capables de fournir ces besoins croissants (c'est le dilemme de Nicolas Hulot, ministre de l'écologie). Pris entre deux contradictions (urgence climatique, poids des lobbies qui influence encore les décisions de certains membres du gouvernement), il a démissionné le 28-08-2018. La transition écologique est pourtant une véritable révolution « culturelle », tout comme d'ailleurs la révolution numérique. Ces COP ne sont pas inutiles (elles sont le fruit d'un travail sérieux), mais sont confrontées à d'énormes complexités politiques de par les enjeux concernés (économie, biodiversité, effet de serre...) et aspects scientifiques (tout est difficile à quantifier et modéliser). La planète semble avoir un peu de fièvre qui augmente progressivement et qu'il convient de commencer à traiter. De plus, il y a une injustice géographique (cyclones, sécheresses...) selon les zones inter ou extratropicales, qui ne facilite pas les choses.

Je finirai ce chapitre par une belle citation du grand sage **Gandhi** :

« Chaque bonne réalisation, grande ou petite,

connaît ses périodes de corvée et de triomphes ; un début, un combat et une victoire. »

Nous devons avoir beaucoup de respect pour ces créateurs/inventeurs *(ou créatrices/inventrices)* qui ont fait preuve d'imagination, voire parfois d'abnégation pour le progrès technologique de l'humanité.

Le progrès ne tombe pas du ciel, et doit consister à maximiser les possibles des individus en leur autorisant les moyens de choisir intelligemment leur mode de vie (en participant activement, par exemple, à la transition écologique). J'ai lu récemment, avec grand plaisir, un livre intéressant : « Le progrès ne tombe pas du ciel », d'Ismaël Emelien et David Amiel, aux Editions Fayard (grande réflexion dégagée : les ministres devraient être des chefs de projets, plus que des chefs d'administration, ...).

Cela me permettra d'aborder le chapitre suivant sur la mobilité urbaine... dans les grandes et petites villes qui devront devenir « propres et respirables (pour le bien de tous) », avec l'aide du numérique bien sûr.

X
LES VILLES PROPRES, RESPIRABLES ET INTELLIGENTES...

▪ Introduction

L'automobile (voitures thermiques, électriques ou à hydrogène) a pris une place majeure dans ce débat (surtout dans les grandes villes urbaines où la pollution est de plus en plus importante, moins cruciale en zone rurale, mais plus importante à Paris. Une étude IPSOS « Les fractures de la mobilité dans les territoires » montre que la voiture individuelle (personnelle ou professionnelle) reste toujours la « reine » des transports (hors covoiturage ou auto-partage). Voici les résultats de cette étude concernant les déplacements des actifs en voiture : RURAL 89%, PÉRIURBAIN 87%, URBAIN 69%... (malgré les transports en commun qui restent une exception francilienne). La loi MOBILITÉ (en cours d'examen au Sénat en mars 2019) devrait, à la fois, essayer de répondre aux galères du quotidien que subissent les conducteurs aux heures de pointe et de nous rendre moins dépendants aux voitures thermiques. Il sera nécessaire d'interdire l'utilisation des voitures thermiques (surtout dans les grandes villes) si l'on veut maintenir le réchauffement climatique en deçà des 2°C (COP 21). Pourtant, le déploiement des métros, trams, trottinettes électriques.... ne change pas profondément les choses, malgré le coût du carburant : notre pays est encore accro à l'auto. Et pourtant, dans les pôles périurbains, il serait facile de changer de transport en passant du vélo au RER avant de prendre un bus. Par contre, les zones rurales cumulent de nombreux handicaps, et là, il y a une véritable fracture entre les citoyens, que les maires devront essayer de résoudre localement (avec l'aide des habitants : la création, dans les cantons, de maisons appelées « France Services » devraient être appropriées à ce nouvel exercice de décentralisation). C'est une décision intéressante, annoncée par le Président de la République le jeudi 25-04-2019 lors de sa conférence de presse. Les nouvelles offres de mobilité, à base de **motorisation électrique** en plein développement, montrent un tournant du besoin (plus réfléchi en matière de pollution) des consommateurs vers l'usage de ces nouveaux moyens de locomotion. Certes, les technologies numériques (Smartphone, géolocalisation, applications téléchargeables...) aident à négocier ce virage industriel de grande ampleur.

De nombreux engins électriques envahissent déjà nos rues : vélos (**Vélib 2**[13]), minibus, enfin des gyropodes et trottinettes. Nul doute que ces engins électriques vont révolutionner notre quotidien.

▪ Villes propres et respirables (électromobilités)

De nombreuses métropoles se mobilisent actuellement pour rendre les villes plus respirables (accords

13 **Vélib 2** : Vélib 1 (le consortium J.-C. Decaux, qui mettait des vélos mécaniques en libre-service depuis 10 ans, dans Paris et en proche banlieue parisienne, a perdu le récent marché public). Son successeur sera Smoovengo (regroupant des entreprises françaises et espagnoles), innovant avec des vélos plus légers, plus sécurisés et surtout comportant une flotte électrique de 30 % avec batterie de 50 km d'autonomie, pouvant atteindre une vitesse de 25 km/h. Ils seront hyperconnectés (dialogue avec le Smartphone de l'utilisateur). Il existera 2 versions : le vélo mécanique (vert, alimenté par une dynamo...) et le vélo électrique (bleu, alimenté par une batterie nécessitant des bornes de recharge électrique). Il sera étendu à 68 communes autour de Paris (à partir du 1er avril 2018). Des travaux lourds de l'opérateur déchu (retirer les bornes de rechargement, parcs...) se font sans problème : il aurait 32 programmes de vélos en libre-service dans le monde ! Les nouveaux tarifs (plus élevés) entreront en vigueur le 1er janvier 2018, avec la création d'une offre spéciale entreprise (Vélib'Pro). À la fin du premier trimestre 2018, ce seront plus de 24 000 vélos qui seront en service dans 1 400 stations à Paris et en banlieue. D'autres opérateurs ont pignon sur les rues de Paris : après Gobee.bike, un autre opérateur semble se manifester dans les rues de la capitale, oBike : il aurait l'intention de mettre 500 vélos en libre-service, sans bornes d'attache (grâce à une application chargée sur son Smartphone). Il n'y a pas d'abonnement et la location est basée sur le temps d'utilisation (1 euro/heure). Cet opérateur est présent dans d'autres pays européens. Enfin, un troisième concurrent se profile également dans la roue : Ofo, chinois, aurait l'intention d'installer également des vélos dans Paris avant la fin de l'année. La ville de Paris commence à s'inquiéter (occupation de l'espace public et régulation) et prévoit une réunion de concertation avec tous ces opérateurs de vélos en libre-service le 16 novembre 2017. Le manque de civisme de certains citoyens est un problème (vandalisme, nécessité d'avoir une carte magnétique bancaire).

mondiaux sur le climat **COP 21** : voir pages 205-212 de la première édition). Les transports en commun non polluants sont les premiers leviers d'action pour atteindre cet objectif. Des plateformes collaboratives développent diverses offres adaptées à la diversité des usages (covoiturage domicile-travail, auto-partage pour personnes handicapées, parkings partagés, services de voituriers....). Cette révolution des mobilités nécessitera des adaptations du code de la route, et de grands travaux de voirie déjà finis ou en cours de réalisation à Paris (le Paris du XXIe siècle ne ressemblera pas au Paris du XXe siècle marqué par le tout-automobile). Ce réaménagement, qui concerne les 7 grandes places de Paris, prévoit 50% d'espace supplémentaire pour les piétons, cyclistes,... L'inconvénient (excepté les nuisances dues aux travaux) est que les automobilistes ont plus de mal à circuler correctement autour de ces places. Ces travaux devraient prendre fin quelques mois avant les élections municipales du printemps 2020. Ma récente visite au salon Autonomy, à la Grande halle de la Villette (21/10/2017) confirme pleinement cette évolution.

Les transports individuels (gyropodes ou gyroroues, vélos et VéloSoleX à assistance électrique (Matra), scooters électriques, voitures électriques) contribuent largement à cet effort écologique. Voici quelques photos personnelles prises sur place :

Légende : de gauche à droite et de haut en bas :
une jeune fille sur gyropode ;
un stand (Matra) de vélos à assistance électrique ;
une Autolib (rechargement grâce à une borne électrique) ;
un scooter électrique.

Bien sûr, j'ai admiré (voir photos ci-dessous) la nouvelle Renault ZOE électrique avec conducteur (volant, système de direction, boîte de vitesses automatiques), facile à recharger. Son habitacle est accueillant et inaugure la technologie des voitures connectées (GPS intégré multimédia permettant de planifier les trajets, d'écouter de la musique et de visualiser les bornes de recharge proches). Cent pour cent électrique, sa nouvelle batterie (Lithium ion Z.E. 40, développée par Renault) permet d'avoir une autonomie d'au moins 300 km : c'est un bon prélude aux voitures autonomes de demain.

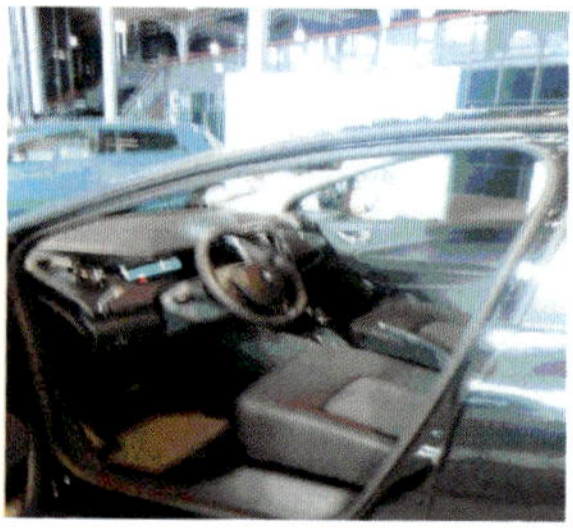

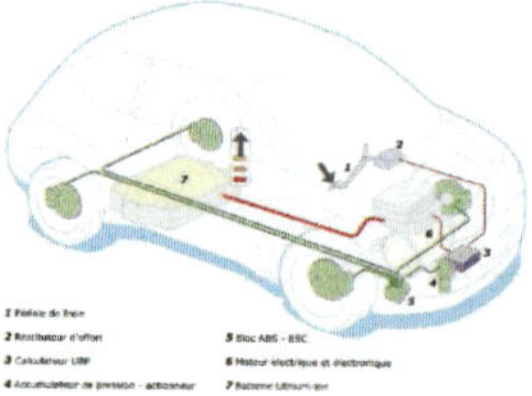

Voici un synopsis des deux types de motorisation (modèles de base) thermique/électrique (novembre 2017) du même constructeur :

	THERMIQUE (Renault CLIO 1.21)	ÉLECTRIQUE (Renault ZOE 88 CH)
Prix d'achat	13 900 euros	15 300 euros
Motorisation	Essence, diesel ou GPL (autonomie : > 750 km après recharge automatique de la batterie… à long terme : à changer vers 40 000 km)	Moteur électrique qui doit être rechargé régulièrement sur une borne (autonomie : 380 km)
Consommation	5,6 l/100 km	12,2 kWh/100 km
Budget mensuel (utilisation de 20 000 km/an)	200 euros	76 euros

Les constructeurs français (Renault et Dacia, PSA) ont su s'adapter après la crise énergétique (pollution) de 2009, en développant des petits moteurs thermiques (essence, trois cylindres, légers, peu gourmands en consommation et très performants). D'ailleurs, les équipementiers français (Valeo, Faurecia liée à PSA et Plastic Omnium profitent pleinement de ces dernières innovations.

Tout milite en faveur de la mobilité électrique, qui ne se limite pas seulement aux voitures. Les deux roues (vélos, scooters…) évoluent bien au sein de ce marché. Ils permettent un déplacement rapide en grande ville et offrent aujourd'hui une gamme très étendue de produits, mixtes et à tous les prix. D'autres étonnantes innovations enrichissent sans cesse ce secteur de la mobilité :

– un feu de freinage connecté se déclenche à l'arrière du casque du motard qui alors décélère. Cette application nécessite le chargement d'un logiciel, en mode « jour » ou « nuit », permettant d'alerter gratuitement un proche via SMS ou mail en cas d'accident.

– un casque pliable pour cyclistes pouvant se loger dans un sac à mains.

QUESTIONNEMENT:

– Quel sera le devenir du périphérique parisien (autoroute urbaine probablement la plus fréquentée d'Europe, atteignant 35 à 40 % du trafic routier parisien) ? C'était le symbole de l'automobile thermique reine. Sa construction a débuté dans les années 1960 et s'est achevée complètement en 1973. La ville de Paris a décidé d'interdire les voitures thermiques en 2030. La physionomie du périphérique (comme celle des 7 places parisiennes évoquées précédemment) devra changer pour s'adapter à cette révolution des mobilités et à l'arrivée de véhicules de plus en plus autonomes et connectés. Des réflexions s'engagent, avec des transitions dédiées au covoiturage dans un premier temps... puis (vers 2050) un boulevard urbain (très végétalisé) utilisant des transports en commun et des voitures complètement autonomes. Une transition sera peut-être nécessaire : les fonctions de pilotage automatique activées seront-elles suffisantes pour éviter tout accident ? Le conducteur aidé devra-t-il toujours rester très vigilant ? Il faudra pourtant se préparer à partager la route avec des véhicules pas comme les autres. Une adaptation du code de la route sera impérative pour encadrer toutes ces évolutions.

– Quelles seront les transformations au niveau des places de grande ville (Étoile, Nation, République à Paris, par exemple) qui devront devenir, elles aussi, intelligentes (capteurs, connectivité…) pour accompagner cette circulation autonome ?

– La ministre en charge des Transports (Mme **Elisabeth Borne**, ancienne P.-D.G. de la RATP) est consciente du problème de mobilité qui va se poser essentiellement dans les grandes villes. Elle propose des assises (à partir de septembre 2017) pour écouter les citoyens de toute la France (via Internet ou des réunions) afin de préparer les transports de demain.

– la voiture autonome (qui ne nécessitera plus de volant et pédales) utilisera de nombreux capteurs et la localisation par satellite pour se positionner. Elle prendra, toute seule, des décisions grâce aux algorithmes de l'I.A. (Intelligence Artificielle). Par contre, les villes et les places (intelligentes) devront être équipées de services et d'infrastructures connectés (d'où l'IoT qui sera amplement développé dans le tome III).

Le Salon des maires et des collectivités locales s'est déroulé du 21 au 23 novembre au Parc des Expositions (Paris 15e). Cela permettait à tous les acteurs des collectivités locales de découvrir les différentes innovations concernant l'aménagement urbain, l'énergie, le social et les **transports** (85 conférences leur étaient proposées). Ce rendez-vous donnait une grande place au digital. Désormais, communes et numérique doivent fonctionner ensemble. Les collectivités territoriales seront amenées à investir dans des applications digitales. L'informatisation de certaines démarches ou services (zéro papier, services municipaux (régler la cantine par un simple clic sur Smartphone...)) permettrait de réaliser des économies, à condition de résoudre le problème des zones blanches (opérateurs téléphoniques, démarches des élus locaux...). Le numérique est désormais entré dans la ville mais a également atteint la campagne (grâce aux « prêts à surfer » vendus par tous opérateurs téléphoniques....qui ne fonctionnent pas bien en zone montagneuse). L'important est d'améliorer la mobilité sans polluer et de préserver l'environnement en dépensant le moins d'énergie possible ! Repenser la cité du futur, l'habitat, nos modes de vie... n'est pas facile dans cette transition énergétique et numérique : l'important est de conserver (individuellement et collectivement) un niveau de bien « vivre-ensemble » pour le bien-être de tous (biodiversité à respecter) ! Nous entrons dans une ère où la complexité du monde actuel rend sa compréhension de plus en plus difficile. Pourtant, demain se construit « aujourd'hui » : une étude récente (réalisée par l'association Respire utilisant les données fournies par les capteurs d'Airparif) montre la présence de taux préoccupants à Paris et en petite couronne. C'est donc au cœur de la capitale que les enfants sont les plus exposés, même si la pollution a reculé entre 2012 et 2017. Le gaz nocif polluant ces zones (dioxyde de carbone) est issu principalement des moteurs diesels. Les vieux diesels sont une vraie plaie (vieux pots d'échappement), ainsi que les quads et les moto-cross qui circulent dans les chemins des champs ou forêts. Il semble exister des solutions à ce problème de pollution excessive :

- créer des zones à faible émission (déjà lancée à Paris),

- créer des « voies vertes » réservées au covoiturage, aux transports en commun et aux véhicules propres, sur les autoroutes urbaines régionales (A1, A3, A6 ……). C'est un problème de volonté politique.

La politique de la ville est importante, mais la prise de conscience citoyenne sera importante si la pédagogie mise en œuvre sensibilise le plus de gens possible. Certaines innovations pourraient aider. Par exemple, un nouveau revêtement **bitumé** sera testé par la ville de Paris (une partie du périphérique, extension prochaine sur trois axes routiers très fréquentés). Il devrait réduire les nuisances sonores et lutter contre les îlots de chaleur (réchauffement climatique).

L'arrivée sur les routes de véhicules de plus en plus connectés et autonomes devrait garantir plus de sécurité pour les usagers. Même si la voiture complètement autonome (de niveau 5) n'est pas pour demain, les constructeurs automobiles continuent d'accélérer leurs efforts en matière de systèmes de sécurité et d'aides à la conduite. Afin que l'industrie, les gouvernements, la jurisprudence et le public soient tous sur la même longueur d'onde, la Société des Ingénieurs Automobiles (SIA) a défini en 2014 un rapport d'information (SAE j3016) pour classifier l'autonomie des véhicules de 0 à 5. Voici ce qu'il en est, en précisant que ces différents niveaux de classification s'appliquent aux systèmes de conduite autonomes qui sont activés à tout moment du trajet :

- niveau 0 : pas d'autonomie

L'humain au volant contrôle la direction, le freinage et l'accélération sur la route.

- niveau 1 : aide à la conduite

Dans certaines conditions, le véhicule contrôle (par un dispositif installé dans le véhicule : par exemple, un régulateur de vitesse adaptatif) la direction ou la vitesse, mais pas les deux en même temps. Le conducteur s'occupe de toutes les autres opérations de conduite, et peut reprendre le relais quand le système atteint son objectif.

- niveau 2 : autonomie partielle

Le véhicule, grâce à des systèmes d'aide, peut accélérer, freiner et se diriger dans certaines circonstances. Par contre, le conducteur doit effectuer des manœuvres tactiques (comme réagir à la signalisation et au trafic, changer de voies et surveiller les dangers potentiels). Il peut aussi devoir garder une main sur le volant.

- niveau 3 : autonomie conditionnelle

Le véhicule peut, dans des conditions propices, s'occuper de la majorité des tâches liées à la conduite, incluant la surveillance de l'environnement immédiat. Le système d'aide demandera au chauffeur (qui doit rester attentif) d'intervenir en cas de difficultés. C'est le plus haut niveau d'autonomie accessible présentement.

- niveau 4 : autonomie élevée

Il y a toujours un volant et des pédales, mais aucune action ou supervision humaine n'est requise (sauf dans des cas complexes comme une météo défavorable ou une situation inhabituelle). Le conducteur peut intervenir dans les rues et ensuite devenir un simple passager sur l'autoroute. Ces voitures autonomes de niveau 4 sont en cours de tests.

- niveau 5 : autonomie complète

C'est la vraie voiture sans volant, pédales et conducteur. Elle fonctionnera de manière totalement automatique sur tous les types de routes. Tout ce qu'on doit faire, c'est de spécifier une destination au véhicule (GPS), par écran de bord ou commande vocale. Des tests ont déjà été réalisés.

La grande problématique sera de repenser la ville connectée de demain (durable, tenant compte des transitions écologiques [voitures, habitat, recyclage des papiers et déchets], de la mobilité [sans oublier les handicapés], de la gestion des ressources et d'énergie, de la e-santé et de la protection des données personnelles qui seront de plus en plus nombreuses à être stockées sur les plateformes informatiques [le RGPD suffira-t-il ?]).

Quel avenir pour ces véhicules intelligents, puis totalement autonomes ? Ce sera l'objet du prochain chapitre. Une conférence (numérique) devrait être mise en place pour améliorer le dialogue (liste des premiers lieux parisiens les plus importants à desservir en véhicules autonomes). Un premier test de navettes sans chauffeur a déjà été lancé sur le pont Charles-de-Gaulle (XIIe-XIIIe) au printemps 2017. Un deuxième est en cours (entre Château de Vincennes et le Parc floral (XIIe)). Deux navettes électriques (sans chauffeur, minibus à 6 places, constructeur français EasyMile) sont entrées en fonction mi-novembre. Elles ont accueilli plus de 30 000 voyageurs, tous très contents : les détecteurs d'obstacles semblent bien réagir à la chute des feuilles mortes... *qui se ramassent à la pelle* ! Les agents présents dans ces véhicules (obligation en l'état actuel de la législation sur les véhicules autonomes) doivent vérifier que tout se passe bien, sans pouvoir intervenir.

XI
LES VOITURES CONNECTÉES, PUIS INTELLIGENTES

▪ Introduction

La voiture **connectée**, en automobile, est la première évolution numérique qui existe déjà concrètement. C'est une transition de connectivité (IoT : Internet des Objets connectés : il devrait faire l'objet d'un long développement dans le futur tome III) qui prépare la grande révolution de la voiture **intelligente** de demain, qui se conduira toute seule. Les offres numériques offertes et accessibles à tous (Smartphone, tablette...) et le milieu industriel doivent répondre efficacement à cette exigence ! L'automobile (objet de grande consommation) ne peut faire exception à ce phénomène massif de connectivité digitale et doit y répondre positivement. Ces constructeurs historiques ont une grande expérience industrielle (un siècle d'existence). Ils seront en mesure de relever ce grand défi : produire les véhicules intelligents de demain qui respecteront les nouvelles règles de pollution et d'homologation, en cours d'élaboration.

Remarques

– La première édition aborde déjà ce thème (chapitre VI, pages 103-108) très succinctement,

– Maître Alain Bensoussan (deuxième colloque Technolex du 29 novembre 2017, évoqué en fin de chapitre VI) a une très belle formule concernant les voitures intelligentes (dans sa *keynote* finale) : « **une voiture intelligente est une voiture à roues, pilotée par l'IA (intelligence artificielle)** ».

▪ Généralités sur la motorisation probable des voitures connectées et intelligentes

Le chapitre précédent explique la fin prochaine des moteurs thermiques qui ont eu leur grand âge d'or (pollution dans les grandes agglomérations, arrêt de la production d'hydrocarbures d'ici à 2040 décrétée en France).

De façon générale, il semble évident que la motorisation de ces voitures du futur sera électrique dans un premier temps (d'abord, parce que l'on évitera un système mécanique qui s'est très bien perfectionné au fil des années (bielle-manivelle, chambres de combustion, soupapes)). Il permet de transformer un mouvement de translation d'un piston en un mouvement de rotation de l'arbre moteur. C'est beaucoup plus simple pour un moteur électrique (stator, rotor, bobinages électriques). Ces moteurs électriques devront toujours transformer leur énergie en énergie mécanique : rotation de l'arbre moteur jusqu'aux roues. Ces moteurs pourront être alimentés par de l'électricité via des batteries (au lithium actuellement, assurant une autonomie plus grande) ou fabriquée sur le véhicule à partir d'un combustible (hydrogène associé à une pile à combustible). Plusieurs combinaisons seraient possibles, mais à l'heure actuelle, la plupart des constructeurs semble opter pour la solution « batteries d'accumulateurs », avec un ou plusieurs moteurs électriques. Je ne parlerai pas des véhicules **hybrides** (déjà évoquée succinctement, en pages 104-105, de la première édition de l'ouvrage *La révolution numérique de demain*). L'hybridation (association d'un moteur thermique à un moteur électrique) a permis de réduire la pollution et de s'affranchir de la problématique du rechargement des batteries. La Toyota Prius, par exemple, a été une bonne innovation pour limiter les émissions polluantes, tout en autorisant une autonomie confortable au conducteur. Je pense qu'elle ne survivra pas aux voitures électriques déjà opérationnelles (connectées dans un 1° temps, puis complètement intelligentes (autonomes) bien plus tard, pour des raisons de coût).

- **Véhicules tout électriques**

La chaîne de conversion d'un véhicule « tout électrique » est bien synthétisée dans la figure ci-dessous :

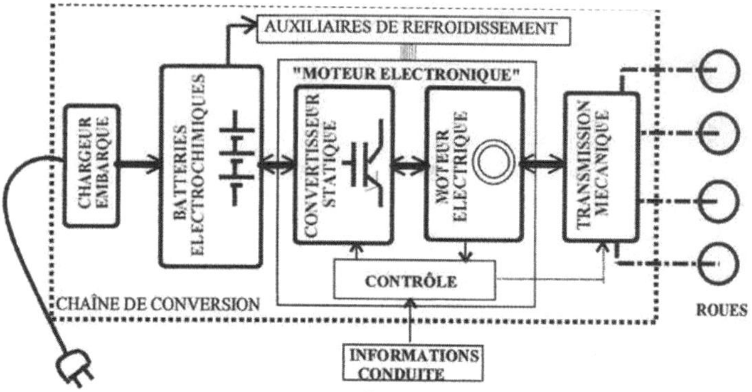

En partant du réseau d'alimentation alternatif et du chargeur de batteries, il faut périodiquement recharger les différents éléments de la **batterie électrochimique** (accumulateurs en pleine expansion et objet de nombreuses recherches afin d'améliorer leur autonomie) qui est la source embarquée d'énergie électrique. Ensuite, un ensemble « **convertisseur électronique, moteur et commande** » prend le relais.

La commande électronique permet d'optimiser le rendement de la chaîne de conversion : ainsi, les paramètres d'alimentation du moteur électrique sont constamment optimisés (en fonction du couple à fournir et de la vitesse, mais également en fonction de la tension délivrée par la batterie fortement fluctuante en fonction de l'état de charge). Les calculateurs numériques de maintenant régulent et pilotent très bien ces moteurs électriques (grâce aux algorithmes de l'I.A.).

La transmission mécanique de la chaîne de

traction « tout électrique » peut déboucher sur plusieurs ébauches de solutions :

– solutions « monomoteurs », avec boîte de vitesses, réducteur et différentiel (cas des moteurs thermiques), ce qui ne présente aucun intérêt (chute du **rendement**[14] : les divers rendements qui sont tous inférieurs à 1, du début à la fin de la chaîne mécanique, se multiplient et permettent d'arriver à un rendement très faible) et est donc **PEU PROBABLE** , les moteurs asynchrones d'aujourd'hui s'adaptant facilement à toute vitesse angulaire ;

– solutions « multimoteurs » : la solution idéale, évitant les réducteurs à engrenages. Il s'agit d'un moteur électrique à entraînement direct par roue motrice (soit deux moteurs pour deux roues motrices, soit quatre moteurs pour quatre roues motrices). Cela dépend des caractéristiques du moteur électrique : parfois, un réducteur à engrenages (multiplicateur de couple ou réducteur de vitesse angulaire) sera peut-être nécessaire pour assurer la transmission. Cela semble être la solution **IDÉALE** (certainement sans réducteurs) ;

– cela pose évidemment le problème du système de **direction** (assistée ou non). Pour les moteurs

---

14 **rendement** : la définition dans une chaîne bien isolée (localement ou globalement), où l'entrée et la sortie énergétiques sont bien identifiées, est le rapport de deux puissances (ou d'énergies) : P_s/P_e où P_s est la puissance de sortie et P_e la puissance d'entrée, en régime permanent (établi et non transitoire). Compte tenu des différentes pertes (électrique, mécanique [frottement]), il ne peut être qu'inférieur à 1 !

thermiques et hybrides, le dispositif de commande est bien connu. Il comprend un **volant circulaire** qui permet aux mains du conducteur d'agir directement sur les roues motrices (grâce à un boîtier de direction composé essentiellement d'une colonne de direction et, à la fin, d'un **pignon** s'engrenant avec une **crémaillère** (cf. « engrenages »)). Lorsque le véhicule roule en ligne droite, les roues motrices tournent toutes à la même vitesse angulaire. En revanche, lors d'un virage, les roues motrices ne tournent plus à la même vitesse angulaire (c'est là qu'intervient le fameux train épicycloïdal sphérique composé de quatre pignons coniques, appelé **différentiel** de vitesse recevant son mouvement de la boîte de vitesses). Toute cette problématique de transmission mécanique n'existera plus, grâce aux moteurs électriques et algorithmes d'asservissement.

La solution multimoteurs, où chaque moteur électrique entraîne directement l'axe de roue motrice, permet d'envisager un nouveau système de direction assistée pour les véhicules électriques. C'est le nouveau projet **e^2-Lenk** subventionné par le ministère fédéral de l'Éducation et de la Recherche allemand (BMBF) : ce système de direction est assisté de manière efficace par le contrôle intelligent du couple d'entraînement transmis aux roues individuellement. Il n'exige aucun composant mécanique, ce qui entraîne des économies d'encombrement, de poids et d'énergie.

• véhicules à **hydrogène** (pile à combustible) : avenir de l'automobile ?

C. F. Schönbein (1838) découvrit le principe de la pile à combustible et **W. R. Grove** (1839) réalisa la première pile à H_2 (hydrogène) en laboratoire. Ce thème a déjà été traité, succinctement, dans la première édition en page 108.

Aujourd'hui, des véhicules équipés de piles à H_2 sont en cours de circulation. Quelques centaines de ces voitures sont destinées à fournir un retour d'expérience à certains constructeurs automobiles (General Motors, Toyota, Honda, Daimler et Hyundai... qui prévoient une première commercialisation à l'horizon 2015). Les constructeurs français (excepté Nissan) sont peu présents sur ce marché (bonne autonomie : 600 km contre 200 km des voitures électriques avec batteries), mais le prix très élevé de ce véhicule dépasse, pour l'instant, 60 000 euros, et l'hydrogène est très énergivore en électricité pour son obtention. Ce prix pourrait être réduit si le déploiement d'un réseau suffisamment bien maillé sur le territoire, pour faire le plein de H_2, était mis en place au fil du temps.

Le réseau électrique devra faire face au défi des énergies renouvelables (intermittentes) et cette voiture à H_2 apporte de la flexibilité. La consommation devrait augmenter avec le développement du parc des véhicules électriques, alors qu'avec l'hydrogène (fabriquée et stockée en fonction des besoins énergétiques des véhicules), le réseau

EDF serait « délesté » et permettrait aux énergies renouvelables d'assurer la transition !

▪ **Salon de Francfort** (14-24 septembre 2017)

Ce fut un grand rendez-vous de l'automobile, qui alterne avec le Mondial de l'Automobile, à Paris. Il montre les tendances qui doivent s'adapter au futur marché des **voitures connectées**. Concernant ce nouveau type de véhicule, le problème est essentiellement, pour l'instant, un canal de connexion avec l'environnement extérieur. Il existe trois canaux permettant de faire face à cet aspect : connexions téléphoniques classiques, technologies de courte portée permettant d'interagir avec les objets situés à proximité et des nouvelles technologies (en cours d'étude) de longues portées pour se connecter aux infrastructures routières et autres véhicules. Les acteurs de ce nouveau marché sont très nombreux :

– les opérateurs téléphoniques (IoT) ;

– tous les grands constructeurs « automobiles » historiques et les nouveaux [Tesla, les Chinois, les Européens...] ;

– les équipementiers (Valeo, en France, est bien implantée et est capable de suivre cette évolution technologique : d'ailleurs, elle équipe (en capteurs) l'« **Audi 8**[15] », vedette de ce salon) ;

15 **Audi 8**[15] : dévoilée pour la première fois au public lors de ce salon, elle inaugure la future voiture connectée. Elle atteint le niveau 3 d'autonomie et le conducteur bénéficie du stationnement automatique (Park Pilot). L'intérieur possède déjà un combiné

– les start-up dont tout ce monde industriel attend de grands logiciels d'intelligence artificielle développant la vision à 360° (comme en réalité virtuelle, sauf que là, c'est de la « vraie réalité » : il faut réaliser une mise à jour des données en temps réel afin que tous les capteurs puissent tout voir).

Voici trois schémas récapitulatifs (provenant de Wavestone, nombreux articles sur l'automobile) :

Les trois principaux canaux de connexion des véhicules

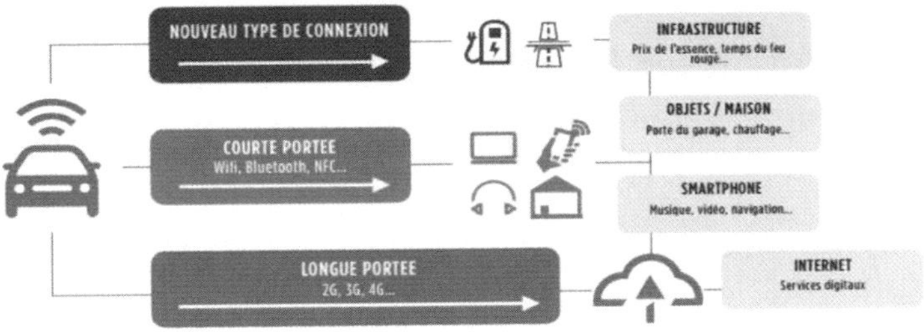

Auparavant, il y avait peu de relation directe entre le constructeur et le client. Les « véhicules connectés » constituent pour eux une occasion unique d'établir ce lien direct : les données collectées

remarquable d'instrumentation virtuelle. Elle est truffée de 26 capteurs « miniaturisés » : 10 caméras, 10 radars et 6 « lidars » (télédétection par laser), bien intégrés dans l'habitacle. Ce type de véhicule va engendrer en permanence des données numériques, très nombreuses et en temps réel, à traiter instantanément pour éviter toutes difficultés pouvant survenir sur la route (bravo l'IA et les réseaux de télécommunication sûrs et très rapides 5G, prévus pour 2026). Une nouvelle législation devra certainement accueillir ce nouveau véhicule autonome : j'espère pouvoir décrire cela dans le prochain volume (Tome III).

pourront leur être utiles pour améliorer ces véhicules connectés et vendre éventuellement de nouveaux services (maintenance prédictive, indication de parking disponible aux environs...). Mais la plateforme des services va s'accroître (grâce à l'Internet des Objets [IoT]) : depuis son véhicule connecté, il sera possible d'accéder à un grand nombre d'applications (domotique, sécurité immobilière, assurances, « smart cities » donnant le trafic de la circulation en temps réel...).

Voici un éventail possible des nouveaux services que les constructeurs automobiles pourront offrir, grâce aux données collectées très volumineuses qu'autorisera la 5G :

Panorama des types de services potentiels
qui sont ou seront fournis par les constructeurs automobiles

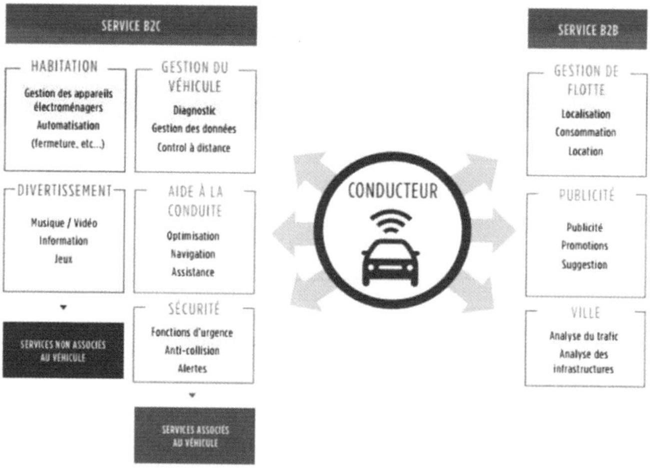

Remarques

B2C (ou B to C : *Business to Consumer,* en anglais) est un sigle désignant l'ensemble des relations qui unissent les entreprises et les consommateurs finaux, ainsi que les logiciels utilisés. Cela sera défini par une plate-forme Web, probablement avec abonnement.

B2B (ou B to B : *Business to Business,* en anglais) est un sigle concernant l'ensemble des activités commerciales entre plusieurs sociétés (marché intérieur et international).

Modélisation des flux de données liés au véhicule connecté

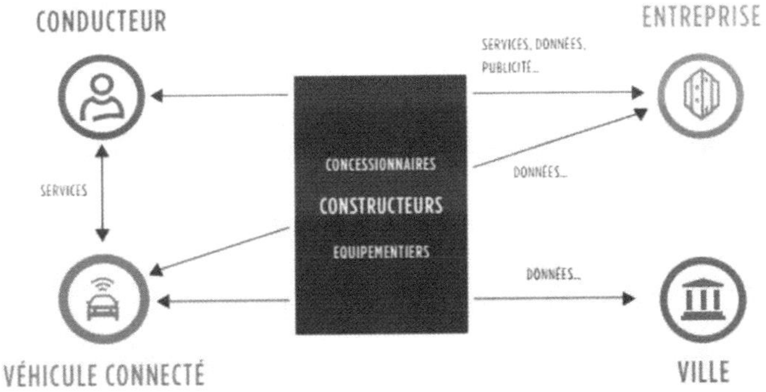

XII
IMPACTS DIRECTS DE CETTE RÉVOLUTION NUMÉRIQUE VIS-À-VIS DE L'ÉDUCATION NATIONALE

▪ Introduction

Pour cette introduction, je m'inspirerai d'une publication sur LinkedIn de Jean-Michel Blanquer avant qu'il ne soit ministre de l'Éducation nationale. Ses propositions pour l'école rénovée se résument ainsi :

« la mission de l'école primaire doit être que chaque élève soit capable de lire, d'écrire, de compter et de respecter les autres » ;

« le lycée général pourrait lui aussi évoluer vers un nouveau rééquilibrage des séries : L et ES rapprochées, baccalauréat concentré sur un nombre limité d'épreuves, laissant plus de place au contrôle continu » ;

« enfin, on doit avoir une nouvelle vision du lycée professionnel où se concentre une bonne partie du décrochage scolaire, fléau de notre société ».

Le contenu de ces enseignements doit évoluer pour qu'il soit tourné davantage vers l'entreprenariat (réforme professionnelle en cours d'élaboration), le digital, et certains savoir-faire à la française. Les régions, désormais en compétence pour les politiques de l'emploi et de la formation, pourraient prendre plus de responsabilités en la matière. Seraient-ce les prémices de la future réforme de l'**apprentissage** (formation professionnelle des apprentis) hautement nécessaire (et qui a été délaissée en France par les partis politiques précédents) ? Ce secteur est un échec complet depuis longtemps : un autre pilotage semblerait nécessaire (désengagement partiel de l'Éducation nationale, changement de mentalités des parents qui ont toujours de bons vieux clichés pour leur progéniture (études supérieures)). Les politiques devraient changer de logiciels... surtout à l'ère du numérique. Les études, en France, ne peuvent se limiter à la haute formation élitiste, certes nécessaire. Classes préparatoires, Grandes Écoles d'ingénieurs, ENA dont les diplômés sont plutôt bien formés (accessibles à toutes les classes sociales, au prix de grands sacrifices) et assurent la survie de notre état « fort », ce qui peut éviter les dangers du populisme ! Mais la base reste le socle de la société et mérite également une bonne formation : le numérique (formation en ligne, ou autre), peut énormément aider.

Remarques

• Est-ce que tous les jeunes doivent faire des études supérieures ? Il faudrait relire Condorcet (1743-1794). Cet éminent mathématicien (président de l'Assemblée du 05 au 18 février 1792) proposait déjà un grand projet d'instruction nationale concernant tous les âges de la vie. C'était d'une étonnante modernité : son but était de favoriser une égalité de fait, et non seulement de droits (cf. son discours à l'Assemblée nationale législative du 2 avril 1792). Il a établi la théorie la plus complète et la plus moderne de l'école républicaine. Deux textes célèbres ont résumé ses pensées éducatives : *Cinq mémoires sur l'instruction publique,* publié en 1791, et *Rapport sur l'instruction publique,* publié en 1972.

▪ Les grands chantiers réformateurs dans l'Éducation nationale :

– le premier chantier se situe essentiellement à la fin de la maternelle et au début de l'élémentaire. Les apprentissages fondamentaux s'acquièrent en CP-CE1 et déjà là, il y a de l'échec. Pourquoi ? Peut-être parce qu'il y a partout la même méthode pédagogique et les mêmes moyens (sauf en ZEP) : l'autonomie des établissements serait peut-être une solution (je ne suis pas un spécialiste psychopédagogue ou neuroscientifique, mais cela mérite réflexion) ;

– un autre grand chantier semble également concerner l'école primaire (20 % des jeunes en CM2 ne savent pas bien lire, écrire ni compter !). Ces élèves-là sont bien évidemment « perdus » pour le collège. Ils seront probablement en échec scolaire et souvent à la fin, au chômage, avec en plus des difficultés de stages de réinsertion professionnelle adéquats. Faut-il réinventer le « collège unique numérique » pour mieux s'insérer dans cette nouvelle société du travail en pleine mutation digitale ?

– la grande bataille consiste à augmenter le niveau des élèves en français (s'exprimer et écrire correctement est fondamental) et en calcul mental. Les calculatrices et les ordinateurs évitent de faire des efforts... qui pourtant restent nécessaires dans la vie de tous les jours : combien de serveuses de magasins (de mon quartier) ne savent pas rendre la monnaie, sans l'aide des calculatrices. Dans les supermarchés, les caissières remboursent le montant qui leur est indiqué sur le moniteur ;

– avec la nouvelle loi « Avenir professionnel sur la formation » votée récemment, les réseaux de PME et les grands groupes industriels peuvent maintenant créer leur propre centre de formation des apprentis (CFA) pour former aux métiers manuels sous tension. Ce secteur est enfin libéralisé (aucune demande à déposer auprès des collectivités territoriales). D'ailleurs, le nombre d'apprentis a déjà augmenté de 8 % l'année dernière. C'est un grand changement culturel (à l'allemande, champions dans ce domaine) et une excellente manière de mieux faire coller la formation aux besoins des PME et groupes industriels. D'ailleurs, la société

« Schneider Electric » forme déjà ses apprentis (bac STI souvent exigé) depuis 1930 avec un grand succès. D'autres entreprises viennent d'annoncer leur intention de se lancer dans cette aventure (Safran, Arc, Nicollin, et surtout Sodexo qui espère recruter plus rapidement un cuisinier....). Cela peut s'étendre à tous les salariés de l'entreprise, ou tout adulte privé d'emploi. Ce type de formation est plus concrète (2 semaines en entreprise, 2 semaines en cours), mais cela peut ne pas convenir à tous le monde : cela dépend des personnalités, et il ne faut pas opposer ces deux systèmes de formation (concrète, abstraite) qui sont complémentaires.

▪ Utilisation du numérique dans l'Éducation nationale

Un rapport de l'institut Montaigne (Laurent Bigorgne, mars 2016) propose d'utiliser les outils numériques (tablettes, tableaux blancs numériques) dès le plus jeune âge pour lutter contre l'échec scolaire. La proposition fait débat : c'est **LUDIQUE**, mais l'important est ce que l'on en fait (problème des enseignants et de leur formation au numérique) et d'éviter l'addiction à l'écran trop tôt (éducation parentale avec les téléphones portables). Je pense qu'il faut utiliser le numérique avec parcimonie (pour améliorer la motivation de certains élèves et amoindrir les inégalités d'accès au numérique...). Ce ne sera pas la panacée pour résoudre les problèmes éducatifs en général, mais cela pourrait être utile dans certains cas !

– L'entreprise PSI (Éducatec – novembre 2018) propose des robots éducatifs et programmables utilisables au primaire et au collège. Le codage informatique « intuitif » (à ne pas confondre avec l'étude d'un langage de programmation) fait maintenant partie des programmes de primaire et collège depuis la rentrée 2017. Les élèves pourront apprendre à gérer les déplacements d'un robot. Cet apprentissage du code pourra être intégré dans les programmes de mathématiques et de technologie, au collège. L'e-éducation est en marche : aujourd'hui, le numérique permet la mobilité des idées, des savoirs et leur mise en relation concrète.

– L'école changera avec le numérique, qui devrait permettre un accompagnement plus intelligent pour l'apprentissage collaboratif. La réalité virtuelle (**VR**) et les évaluations, demain, se feront directement en temps réel. Cela permettra d'aider ceux qui en ont le plus besoin (tutorat individualisé). Une première conférence au salon Éducatec (18-11-2017 : Agora, Mme Svenia Busson) a évoqué de nombreux exemples déjà pratiqués dans des écoles non françaises, utilisant de façon positive **le numérique**. Les cas précis cités ont été : Nouvelle-Zélande pour les enfants maoris, Afrique du Sud à la suite de l'apartheid, certaines régions de l'Inde pour apprendre l'anglais, Australie (Sydney) où se préfigure déjà l'école du XXIe siècle du futur... Une deuxième conférence était consacrée à la **VR** et l'immersion en éducation (coordination entre **Canopé** et **DNE**). Canopé est un réseau de création et d'accompagnement pédagogique, intéressant à consulter par les enseignants. La DNE est la direction du numérique pour l'éducation, qui assure la mise en place et le déploiement du numérique éducatif dans l'enseignement public (pilotage et mise en œuvre des systèmes d'information). Des « notes de veilles » sont mises en ligne : cf. **Marie** Brossard sur le réseau LinkedIn (**DRDUNE** sur le réseau Canopé). Elle est chargée de la veille et de la prospective sur les usages du numérique éducatif. **Marie Brossard** (à laquelle j'ai envoyé une copie de ce chapitre) me propose d'insérer une remarque générale fondamentale : il est nécessaire d'éduquer les élèves non seulement aux usages du numérique, mais **surtout aux données qui transitent sur Internet : il faut leur apprendre à les décrypter** ! On reçoit une multitude d'informations, sur tous les sujets et que le cerveau doit trier. Il reste donc un grand travail éducatif de base pour apprendre à vérifier la véracité des sources de toutes ces informations : les fake-news sont de plus en plus nombreuses sur certains réseaux sociaux dont Instagram : seulement, le bon sens et l'esprit critique permettront de les déceler !

Lors de ce salon Éducatec, trois expérimentations ont été présentées rapidement (7 minutes, chacune, afin de laisser le public s'exprimer librement). Celle qui a retenu mon attention concernait la troisième intervention liée au travail colossal d'un professeur de SVT (sciences de la vie et de la terre). Il propose en séances de TP, un scénario **VR** de 2 à 3 minutes (avec casque, qui passe de mains en mains pour chaque élève qui le souhaite) illustrant le TP réalisé juste après. Le professeur fait ses applications chaque fin de semaine (logiciel Unity 3D). Mais sa réflexion est claire : la VR ne pourra jamais remplacer la réalité des TP **expérimentaux**. Toutefois, cela peut être une valeur ajoutée (ou d'émerveillement) pour certains élèves habitués aux immersions en 3D [jeux]. Ce qu'il nous a montré, en VR, concernait l'intérieur d'une cellule organique. Les professeurs peuvent aussi faire des applications mixtes (**RA** et **RV**) ! Le portail **MYRIAE** (via le réseau Viaeduc : ressources numériques pour l'école) était aussi présent à Éducatec. Ce projet est né avec la mise en place du **plan numérique** pour l'éducation lancée par E. Macron.

– Le développement de ces nouvelles technologies numériques (Internet, MOOCs, Web-classes) permet de grandes interactions pédagogiques et humaines dans le cyberespace. Il modifiera profondément le système d'éducation traditionnel. L'éducation digitale est inévitable : il faudra apprendre aux élèves à utiliser rationnellement cet outil.

– Un excellent livre, *Métamorphoses de l'intelligence*, de Catherine Malabou, aux éditions PUF, aborde bien ce thème de l'intelligence humaine et artificielle.

- Mise en place de la plateforme Parcoursup remplaçant APB (admission post-bac)

Ce logiciel a été conçu par deux informaticiens américains : je l'ai bien connu en tant que prof de CPGE, fonctionnant très bien au début pour les vœux que devaient formuler les étudiants. Ensuite, progressivement, il a été étendu au lycée et à l'université : c'est devenu une usine à gaz incapable de gérer le sort d'un grand nombre d'étudiants souhaitant accéder à l'enseignement supérieur ! Il était déjà difficile à utiliser pour les parents et les bacheliers pour leur inscription en classes préparatoires (d'où l'intérêt des journées portes ouvertes organisées dans de nombreux établissements pour **informer**). La navigation dans ce portail informatique national concernant plus de 12 000 formations était inextricable pour choisir la meilleure formation adaptée au profil de l'étudiant (BTS, IUT, CPGE, université). Ce portail APB permettait de saisir jusqu'à 24 candidatures... Les desiderata des bacheliers, ensuite, étaient passés à la moulinette de l'algorithme, avant les premières réponses aléatoires en juin, et pouvaient se terminer par un tirage au sort pour la rentrée universitaire (quelle injustice !). Heureusement, cette année 2018 est jalonnée d'un nouveau logiciel (appelé Parcoursup) qui devrait améliorer nettement la gestion des vœux de tous ces bacheliers (même si cela risque de ne pas être parfait la première année).

Faut-il plus de sélection à l'université ? C'est une grande question qui fâche ! Elle permettait d'éviter des mauvais choix et certains décrochages en cours d'année. Il me semble important d'aider les bacheliers à bien choisir leur filière (surtout pour ceux qui n'ont pas de parents liés à l'éducation).

Le Brexit (s'il a lieu) provoquera le départ d'une pièce maîtresse du système éducatif (et de recherche) qui risque de compliquer le choix des futurs étudiants de l'enseignement supérieur (éducation à l'européenne ou éducation à l'anglo-saxonne).

Un autre sujet d'actualité est le modèle méritocratique qui m'a permis (tout étant né à la campagne) de faire des études d'ingénieur et de passer l'agrégation. Il me semble que, maintenant, l'ascenseur social est en panne. Démarrer dans la vie reste, dans notre pays, pour les jeunes une source d'inégalités criantes. Les pouvoirs publics cherchent à y remédier par des mesures ciblées (allégement des programmes, cordées de la réussite en CPGE,....). Mais ces inégalités sont maintenant multiplicatives (immigration, inégalités de patrimoine qui ont tendance à se transmettre de génération en génération, inégalités de niveau de vie donc d'éducation parentale). Une solution (venant du Medef, et du Grand Débat National engendré par les Gilets Jaunes) consisterait à créer un « capital départ » : il pourrait prendre la forme d'un prêt à taux zéro (attribué sous conditions de ressources) utilisable pour un projet de formation, entrepreneurial ou immobilier, remboursable à partir d'un certain niveau de revenu. Ce serait une excellente initiative de l'état, qui permettrait à certains jeunes

« volontaires » de se former ou d'entreprendre, et de revenir à l'égalité réelle des chances.

Ensuite :

▪ Les logiciels de correction automatique et le zéro papier (interrogations écrites, examens, concours)

Les logiciels perfectionnés de l'**IA** seront-ils capables de procéder à la correction automatique des copies ? Les MOOCs les utilisent déjà (quiz), un sujet d'examen ou de concours est d'une autre dimension. Certains informaticiens affirment que c'est possible (en rédigeant les sujets autrement, et coût exorbitant ?). À Éducatec, j'ai découvert une start-up française, TestWe, l'expert de l'e-exam (voire e-concours) qui digitalise tout processus d'évaluation (la directrice marketing est "Marie.verchere@testwe.eu").

Les progrès technologiques numériques sont considérables, mais la culture générale semble reculer chez les jeunes et autres personnes (émissions de plus en plus banales à la télévision, lectures en diminution chez les jeunes qui utilisent le Smartphone trop abusivement). L'éducation **parentale** (filtrage) et l'Éducation **nationale** auront un rôle indispensable et déterminant pour le futur !

CONCLUSION

Que restera-t-il de nos repères traditionnels ? Cela dépendra de notre réactivité à toutes ces profondes transformations de société (écologique, numérique) imbriquées les unes dans les autres. Les hommes politiques, eux aussi, sont confrontés à cette grande révolution qu'ils devront accompagner et expliquer, avec beaucoup de pédagogie, au peuple.

Les systèmes très centralisés ne peuvent plus fonctionner comme auparavant et il faudra réformer.

Le problème du travail se pose depuis le début du XIXe siècle : de nombreux métiers sont en train de changer et le numérique permettra d'œuvrer vers le travail « ouvert », ayant accès à de nombreuses ressources (formations, MOOCs, tutoriels...).

Ces outils du numérique vont changer profondément l'organisation du travail (télétravail, ubérisation de l'économie, précarisation de l'emploi et disparition de certains métiers nécessitant une nouvelle formation (remise à niveau) et de nouveaux diplômes). Le numérique proposera d'autres modèles et permettra de rapprocher le travail et les loisirs (articulation à bien trouver entre les deux). Il autorisera toute sorte d'initiatives ou passions diverses (lecture, théâtre, cinéma, sport,...).

Le modèle de l'entreprise « classique » est probablement périmé. L'industrie du futur est encore à inventer (intervention du numérique pour utiliser différemment les moyens de production et organiser la gestion) et cela se fera progressivement et intuitivement, selon les besoins ! Les modèles sociaux devront aussi être repensés (RSA ? revenu universel ? autres solutions ?).

« La vie digitale permettra de relier le monde privé, le monde professionnel, le travail et les loisirs » : tout cela est fort bien décrit dans le livre *Les nouvelles frontières du travail à l'ère du numérique* de **Patrice Flichy**, aux éditions du Seuil.

Un autre livre m'a beaucoup intéressé et mérite d'être lu également : l'auteure est **Catherine Malabou** ; le titre *Métamorphoses de l'intelligence ; Que faire de leur cerveau bleu ?*, chez PUF. Ce livre traite philosophiquement (Bergson, Dewey...) avec pertinence de l'intelligence humaine (que l'informatique, selon moi, n'arrivera jamais à dépasser) et artificielle. Ce qui est intéressant est la classification qu'elle propose de l'IA. (Faible : *Weak AI,*